矢島俯仰 著

故人がよろこぶ墓と供養

国書刊行会

1　五色の布綱と五輪塔

2　五輪塔と土饅頭

3　五輪塔と墓石を並べた墓域

4　足長五輪塔を建てた墓域

5　五輪塔と墓標、灯籠

6　家庭祭祀の五輪塔

7　写経

はじめに

お墓とはなんでしょうか。

幼い頃に自分が飼っていたカブトムシや金魚が死んだとき、その死骸を庭の隅や、近くのお寺の境内に埋めた記憶のある人が多いのではないでしょうか。

それは、生命や宗教というほどではないにしても、おぼろげにも「いのち」のかたちを意識し、祈りや祭祀《さいし》、慈しみの感情が芽生え育った瞬間ではないでしょうか。

それが墓の原点であり、祀《まつ》りや供養の原点も、そこにあります。

祈りや慈しみの心は感謝の心の発露であり、人として大切な心の一つでもあります。そこから自然の営みのすばらしさや、そよぐ風のなかの季節の声、咲く花の微笑みなどを感じる心が育てられ、豊かな自然と四季の移ろいがあるこの日本の風土と同化していくことができるのです。

墓とはただ遺骨を納めてある施設ではなく、祈りと祀りの場であり、活き活きとしたいのちを育む場なのです。この書は、そのいのちの祀りを基本として、そこに流れている理法を尊重して、墓と供養のあるべき道をすがたを示しています。

二〇〇一年九月　著者

故人がよろこぶ墓と供養

目次

墓相編

建墓編

墓相編

墓はたましいのふるさと

たましいの祀り

もの言はむ　花にもの言ふ　墓の前

という句があります。天保四年（一八三三）の春に良寛さんの墓石が建てられ、あわせて三回忌の法要が営まれた時に、三浦屋幸助がその墓前に手向けた一句です。良寛さんの墓は、今も新潟県西頸城郡島崎町の隆泉寺にあります。

ここで三浦屋幸助が花に託して語りかけているのは、そこに良寛さんの霊そのものを意識しているからです。墓参りで大切なことは、墓前に花や水や香を手向けるのは、そこに埋められている遺骨や遺体にではなく、祀られている霊に対してだということです。

日本では古来、「生けるがごとく祀《まつ》る」ということを大切なものの一つとしてきています。それは神に対しても、仏や先祖に対しても、あたかもそこに姿を見せておられるような心構えでお祀りをしなさいということです。

ご先祖の命日や法事の時に、故人が好きだったものを供えるのは、そうした心の現われです。このことは先祖だけではなく、たとえば田の神さまや歳神《としがみ》さまをお迎えする行事が伝えられている地方では、その家の主人が実際に床の間や上座にお膳をしつらえ、正装でお給仕をすることが知られています。

また悠久の時をいまに伝えている伊勢神宮では、日別朝夕大御饌《ひごとあさゆうおおみけ》と呼ばれ、朝夕に天照大御神はじめ神々にお供えする大御饌は、実際に食べられるように調理されたものが供えられます。また一般の家庭でも、朝に炊いた最初のご飯を仏壇のご先祖にお供えします。そこには、感謝と家族の生活の加護に対する祈りが深く込められています。

◇

先祖の霊はどこにいるのでしょうか?

そのように尋ねられることがありますが、先祖の霊は、ひとつには「私たちの想《おも》い」のなかに存在します。亡くなった父母、祖父母や子を想う人がいるかぎり、そこには、その人たちが存在します。存在するからこそ、その働きがあります。それが霊魂と呼ばれるものです。

また、「故人が遺《のこ》した想《おも》い」というものがあります。肉体の一切の活動を止めてしまったとしても、愛する人に対する想いというものは、遺っています。その想いは、働きを求めようとします。これも霊魂の働きのひとつです。

宗教、特に仏教の理念から霊魂を認識すると、人には「習気《じっけ》」と呼ばれるものがあると説きます。習気とは、いわゆる五つの欲とされる食欲・性欲・財欲・名誉欲・睡眠や安逸をむさぼる欲、これら五欲が煩悩とされ、これらの煩悩に左右されなくなっても、まだそこに残るとされるものです。生の動機がここにあるとされ、それは肉体的生命ではないもうひとつの生命であり、霊魂とされるものです。

供養とは、この霊魂への働きかけであり祭祀《さいし》なのです。そして先祖供養とは、すでに亡くなってしまった人のことだけではありません。実は自分自身も先祖の一員なのです。すなわち先祖供養とは、過去に思いを馳《は》せることだけではなく、現在の生命をも祀《まつ》り、やがて生まれて来る次の生命の安泰を祈り、活き活きとした生をつなげることなのです。

自分自身も先祖の一員になっていることから、その生命への働きかけが功を奏して、病気が治ったり、人生が良くなるなどの理由はここにあるのです。

天地陰陽の法則によって墓相を観る

ふるさとの訛なつかし
停車場の人ごみの中に

そを聴きにゆく

若くして世を去った明治の歌人、石川啄木の歌です。追われるようにして故郷を出てしまった啄木ですが、駅の雑踏のなかに、懐かしいふるさとの訛《なまり》ことばを耳にして、心をひかれています。

現代は「ふるさと喪失の時代」と言われて久しいですが、こころのふるさとは失われることなく、人々の心の奥底に息づいているのです。「デジャ・ビュ」（初めて見る情景なのに、以前に見たことがあると感じること）も、その一つかもしれません。

人々が自然を求め、歴史を訪ねるのは、ただ騒がしい都会からのがれ、過ぎ去った時の流れを懐かしむだけではありません。啄木が訛ことばに心をひかれて、停車場の人ごみに紛れていったように、美しく偉大な自然のなかに溶け込んで、新しい生命力を得ようとする働きであり、史跡のもの静かなたたずまいのなかに、遠いたましいとの触れあいと語らいを求めているのです。

人は自然界の流れのなかに、変わることのない営みを続けていますが、環境は絶えず変化しています。そして人は、すべての生命の根源である自然界と、次第に遠く隔てられつつあります。しかし、自然界を離れては、いかなる生命もその活力を維持することはできません。

都会はコンクリートの建物やアスファルトの道路におおわれて、自然の息吹が圧殺されています。そのような都会で活動している私たちは、つねにエネルギーを放出（放電）して生活しているわけですから、時には新しいエネルギー、新鮮な生命力を補充しなくてはなりません。

私たちが、休日に郊外を散策したり、山野に出かけたりする気持ちに駆られるのは、活動の源になるエネルギーを自然から得ようとする無意識の働きであり、生命力を正しく維持し、活動させるための本能的な欲求であるといえましょう。

すべての生命は、自然、すなわち大宇宙の永遠の流れの中に営まれています。そして、その生命の流れには一つの法則・法理をうかがうことができます。

それは「天と地、陰と陽との調和と和合」です。

生命あるものはすべて、「天と地、陰と陽との調和と和合」から成り立っており、その調和が壊れたときには、生命を保っている形が失われて滅亡するのです。陽が昇り、夜が訪れ、春夏秋冬が巡ってくるのも、すべてこの法理とその流れのなかにあるのです。

本書のテーマである墓相とは、たんに墓石や供養塔などの石質、墓地の方位、方角などだけで決められるものではなく、宇宙自然界の深遠な真理である「天地陰陽の法則」に基づいて成り立っているのです。

われわれ人間の生命は永遠なのです。からだ（肉体）は死滅しても、たましい（霊魂）が絶えてなくなることは決してありません。たとえ遠い異境の地で死んでも、たましいはふるさとの山に帰ってくると、古来信じられてきました。

ふるさとの山は、たましいの「墓」なのです。啄木は、

ふるさとの山に向ひて
言ふことなし
ふるさとの山はありがたきかな

とも歌っています。墓はたましいのふるさとなのです。墓を大切に祀っていることは、たましいのふるさとを美しく、ありがたいものにしていることなのですから、その家の人々のこころは美しく、幸せを得ることができるのです。

敬神崇祖《けいしんすうそ》（神を敬い、祖先を尊ぶ）の念があつく、墓を大切に祀っている家は必ず繁栄します。そして墓を粗末にしたり、自然の法理からはずれた墓を祀っている家が衰微の道をたどることは、自然界の生命の真理からすれば当然のことなのです。この自然界の生命の真理を、私は「天地陰陽の法則」と呼んでいます。

死滅した肉体（遺骨）は自然界のなかに還《かえ》し、〝たましい〟としての霊魂を供養し祀ることが、墓を建てる本願（本来の念願）であり真意なのです。

◇

神道においても、仏教においても、敬神崇祖の宗教理念から、墓は重要な意味を持つものの一つであり、大切に教えています。しかし、その根拠になる正しい指導と教示がないために、めいめいの趣向や嗜好などによって、勝手気ままな墓がつくられています。むろん、それで十分な供養やいわゆる成仏が果たされているのならば結構ですが、実際には困った現象などになって現われています。

私が墓相を唱えるのは、新しく墓を建てる人には正しい建墓・建塔の供養の道を明らかにして、祖霊の成仏と家運の発展に導くことにあります。すでにある墓には、あらゆる方面から観相して、真の供養と生命の祀りが成就できるようにするためです。

家運の衰退や多くの災難・病苦に悩まされている人々が、祖霊のご加護とお導きに浴して、再びもとの繁栄や健康の基礎を築くことができるように教示し、人々が敬神崇祖の宗教理念に目覚めて、争いのない平和な日々が訪れることが目的であり、念願なのです。

祖霊は子孫を幸せに導く

私たちの肉体は消滅しますが、霊魂は滅することはありません。

永遠の生命・不滅の霊魂と言いますと、疑問を持たれる方、また霊魂の存在について、科学的に立証されていないことを理由に否定する人が多いようです。しかし実際には、科学的に立証されていない事柄が、日常の社会生活の中で、ごく自然な形で認められていることがたくさんあります。

生命の問題を取り上げても、科学で解明されていることはほんの一部分であって、生命全体としては全くわからないといっても過言ではありません。

たとえば、ガンという病気を考えても、最近の動物実験ではウイルスによるものであると究明され、直接にガン細胞のみへの治療が確立されつつあります。しかし最近までガンウイルスが発見されていないので、消毒の必要や伝染の恐れがないとして、ほかの病気の患者と同じ病棟で治療されてきました。これがウイルスによるものであるとなれば、今までの様相は一変してしまいます。

糖尿病の中にも、ウイルスがもとで発病するものがあると、今日では認められつつあります。治療が不可能とされ、原因さえもわからなかったアルツハイマー病についても、発症を防ぐヒューマン（HN）と呼ばれるアミノ酸が発見されたりしています。

科学とは、このように未知の部分があまりにも多い学問なのです。目に見えないとか、科学で立証されていないことを理由に否定することは自由ですが、それは同じこの世の中で生活しているのに、あまりにも自分自身の世界を狭くしていると言えるのではないでしょうか。

私たちの三次元世界からは、その世界を明快に知ることはできませんが、霊魂は滅することなく、宇宙の四次元以降の世界に、永遠の生命をもって存在するのです。

それは人間から見れば、金魚や犬猫などの低次元の世界のことはわかりますが、反対に金魚や犬猫からは、高次元の人間世界のことがわからないのと同じです。霊魂の世界（霊界）と人間の世界（顕界《げんかい》）との場合も同様なのです。場合によっては、そのごく一部を、なんらかの姿や形で知らされることはありますが、そのすべてを見ることはできません。

私たち人間界と、霊界・神界を結ぶただ一つの道は〝誠《まこと》〟です。天の道は誠であり、誠をもってするのが人の道なのです。永遠の生命をもって存在している祖霊は、子孫を守護し長久と繁栄に導くのです。神仏のご加護とご利益は、産土《うぶすな》の神（鎮守《ちんじゅ》の氏神《うじがみ》）と成仏道にある祖霊を通して授かるのです。

私たちは誠の心をもって祭祀をつとめ供養を修することが、霊界・神界に通じるただ一つの道なのです。祭祀供養といっても、礼拝したり経を唱えるばかりでなく、心を込めて現実の生活を、法理に基づいて正しく営むことがもっとも大切なことです。

「誠は天の道なり、之を誠にするは人の道」と言われます。

墓や宗教を無視したり、まったく否定する人がいますが、その人も肉体の死滅したあとの霊魂は、滅することなく異次元の世界に移って、顕界（人間の世界）の人々による供養を受けることになるのです。

墓石

奇をてらった墓は供養の心と離れている

奇をてらったために供養の本義が薄れ、たんなる石造物となってしまった墓

石棺を模したと思われる石のなかに、六面の石棒が回る仕組みになっている墓があります。石棒の各面には戒名が刻みつけられています。石を回すことによって、祖霊を彼岸《ひがん》（迷いの此岸から、悟りの向こう岸）へ送る意味を込めた〝車子《しゃし》の石塔婆〟がありますが、それに倣《なら》ったものと思われます。

なかなか凝ったものですが、奇をてらったために供養の本義が薄れ、たんなる石造物になってしまった不幸な一例と言えましょう。

この墓がつくられた頃には、この地方でも名家の一つであったと聞きますが、この家は不幸にも絶えてし

個人の趣味による記念碑となっている墓
供養するために必要な容器もなく、御影石を表面に敷きつめて、自然の生気の循環を妨げており、家の生命を危うくする凶相である

まいました。今では遠縁の人がたまに墓参するだけで、植木も手入れされないまま、荒れ放題になっています。

◇

芸術性の豊かな墓があります。ご覧のように前衛彫刻などがあって、まるで近代的ビルのロビーの飾り付けのようです。しかし、祖霊を供養するために必要な花を活ける容器や、水鉢、線香立などがないことは、墓としての性格を欠いています。さらには御影石《みかげいし》を表面に敷きつめて、自然の生気の循環を妨げているのは、家の生命を危うくする相と言えます。黒い石もよくありません。

これでは墓というより、むしろ個人の趣味による記念碑と見るべきで、供養の本義に適っていません。墓に水を供え、花を活け、線香をあげる意味については、別の「墓参りのこと」（158頁）の項で解説しましょう。

高すぎたり低すぎる墓石は家運の衰退を招く

天地陰陽の法則に反する墓として、背の高すぎる墓石があげられます。

この墓の竿石《さおいし》（拝み石）は幅一メートル、高さが六メートルもあって、段上に段を積み、台上に台を重ねた非常に高いもので、最悪の相の一つとなっています。

これは明治の初期、県令（県知事の旧称）を務め、子爵《ししゃく》の栄誉まで受けた人の墓石です。後世に名を留めようとして、このように高さを誇る墓石を建てたのでしょうか。だが、不幸にも子孫は長久と繁栄を望めずに衰微を余儀なくされ、墓地の正面をも他家に譲らざるを得ない破目に陥ってしまいました。

明治・大正の頃には、貴族階級の間で競うように背の高い墓石を建てたことがありましたが、それから約半世紀以上たった今日に至るまで、今なお幸福な日々を送っている家が何軒あるでしょうか。そのときは、誰もが霊の成仏と子孫の長久・繁栄を願って建てたのでしょうが、残念なことに、天地陰陽の法則に反しているため、不幸な結果となっています。

背が高すぎる墓は、陽の過剰を招いて凶相

◇

天地陰陽の法則から観ますと、墓石は陽を表わし、地下に埋葬安置してある遺骨や遺体、または納骨室（カロート）は陰を表わします。背の高すぎる墓石は必然的に陽の過剰を招き、一時的に家運が隆盛する場合もありますが、永くは続かないで衰微してしまいます。

背の低すぎる墓石は、反対に陰の過剰を招くことになりますから、家運が衰退し没落していくことは避けられません。

この写真の墓は、日本の映画界の黄金期に、時代劇の主役として大いに活躍した、ある俳優の逆修墓《ぎゃくしゅ》（生前に営まれる墓のことで、寿陵《じゅりょう》ともいう）です。石の質は悪くはありませんが、残念なことに背が低すぎるために凶相となっています。事実、その後の本人は、昔日の面影がない毎日であったと聞いています。

背の低すぎる墓は、陰の過剰を招いて家運の衰退を暗示する

墓地が広いから、反対に狭いからと、極端に背の高い墓石や低い墓石を建てることはいけません。広い場所にはそれなりの、狭い場所にもそれに見合った祀りの法があるのです。

墓石の大小や高低についての判断は、墓地の環境や状況と法理によって定められており、その墓地の方位、面積などの状態を十分に観て、慎重に割り出されます。

墓石には猫足や蓮華台を設けてはならない

猫足の墓は、天地の生気の流通が断ち切られて凶相となる

墓石の形は、位牌がその元だといっても、位牌と同じように蓮華台や猫足（内側に向いて丸くふくれて猫の足の形に似ているもの）を設けてはいけません。

墓は、自然の天地陰陽の生気が正しく循環しなくてはなりません。竿石と台石の途中に猫足を設けると、大きな空間ができるため天地の生気の流通が断ち切られます。それは、家の生命の流れが断たれて、家運や商売に障害が生ずる凶相となります。

◇

人間は、死んでもすぐに成仏できるものではありません。その家の悪因縁とか、故人の生前の罪障などによって、必ず一度は苦界に堕ちることになります。僧侶が唱えてくれる数度のお経とか、遺族の焼香、念仏などだけでは、苦界の祖霊を救って成仏に導くことはできません。

真理に基づいた正しい供養の積み重ねによって、初めて祖霊は救われて成仏道に入り、のちに解脱《げだつ》を得るのです。

蓮華座とは、そうした解脱を得た祖霊が座るものです。ですから、墓石を蓮華台に積んでしまっては、祖霊が安らかではいられません。僧侶の墓石として建てられる無縫塔に蓮華座がついているのは、生前に悟りを得ることができたということを表わしています。私たち凡人には、なかなか困難なことです。

五輪塔については別項で述べますが、胎蔵界の大日如来の三昧耶形《さんまやぎょう》（仏・菩薩の本誓を示すもの）の表示（幖幟）でもありますので、蓮華座にのせるのが正式です。

黒や色調の強い石材は凶相となる

墓地が陰の場合には、陽性の材質で墓石を建てて、陰と陽との調和を図ります。納骨室（カロート）と墓石の和合からも、墓石には陽性の材質がよいのです。

陽性の石材とは、白くて明るいものを指します。その他の色の石材は陰性であり、凶相となります。

黒い石材は陰性であり凶相
家運の衰退を招く

黒い石材による墓石は凶相となります。黒い墓石を建てるのは、そのときが家運の最高のときであって、その後は放物線を描くように、家運は沈んでいきます。

赤い色調や、青い色調の強く現われている石も同様に凶相であって、それぞれに後家、色情、病弱などの各相が現われます。

◇

しかし、いくら白い石材がよいといっても、大理石は凶相です。美的な建築物に使われることがありますが、間違っても墓石や、その他の墓の石として用いるべきではありません。家庭内の分裂を招いたり、家族の間の温かさが失われることになります。

墓石として最良の石材は、俗に白御影《みかげ》石と呼ばれる花崗岩《かこうがん》で、これに勝る石はほかには見当たりません。

御影石は、神戸市の御影地方に多く産出したので、この名称があります。現在では日本の各地から産出され、外国からも輸入されますが、墓石として吉相のものには、茨城県真壁町と四国の大島、さらには瀬戸内海の北木島《きたぎしま》から採石される白御影石があります。しかし、茨城御影石の中には青みがかったもの、北木島御影石には赤みが強く出ているものがありますので、十分に注意したいものです。

白い石材でも、大理石は凶相
家庭内の分裂を招く

白御影石を墓石として加工して磨くと、淡黒色（ねずみ色）になります。このため供養塔（五輪塔）として彫刻する場合には〝小叩《こたた》き〟と呼ばれる技法によって、輝くばかりの白さに仕上げることができます。このことについては別項で詳しく述べます。

白御影石には多くの種類がありますが、この中で吉相のものは、小目《こめ》御影石か中目《ちゅうめ》御影石に限られます。よく小松石を勧める人がありますが、この石は輝石安山岩《きせきあんざんがん》で吉相ではありません。小松石がよい石といわれている一つの理由には、この石が「御用石」と呼ばれた歴史があります。

徳川家が江戸城の石垣を築くために、大量の石を真鶴から江戸に運び込みましたが、この石が余ったので商家に払い下げました。これが小松石でした。商家はこれを墓石にして「御用石」と呼び、敬って大切にしたことが、後年になって小松石そのものを尊ぶようになったもので、決して墓相のうえで尊ばれているわけではありません。ただ、小松石は固いことは事実です。

◇

墓石と台石を違う石で組み合わせると凶相
必ず同じ石で建てなければならない

墓石は台石をも含めて、同じ石（共石《ともいし》）で建てなくてはいけません。

黒い石や赤い石で建てた場合に多く見られますが、竿石と台石とを違った石で組み合わせたり、芝石だけ別の石を用いたりしますと、「養子取りの墓」となります。男子が育たないため、婿養子を迎えることになったり、長男が死亡したり、または存命であっても何らかの事情で家督を継がず、弟が継ぐことになるなど、家の継承に難が生じる相です。

不吉な自然石は建ててはいけない

沢庵漬《たくあんづけ》で有名な沢庵禅師の墓が、東京・品川の東海寺にあります。前にも述べましたが、その墓は、僧侶の墓石の無縫塔の意味で置かれた大きな自然石です。

しかし、もともと自然石は正式な墓石ではありません。あくまで墓石や卒塔婆《そとば》を建てるまでの一時的な仮の姿なのです。

ちなみに〝沢庵石〟とは、実はこのことであって、普通一般には沢庵漬を沢庵禅師の発明した漬物のように思われていますが、大根の糠《ぬか》漬は古く平安時代から日本にあったものです。

沢庵禅師の墓のような大きな石で漬けるところから、江戸時代に「沢庵漬」と洒落《しゃれ》て呼んでいたのが、いつの間にか沢庵禅師の発明した漬物と誤って伝えられるようになったのです。

沢庵漬で有名な沢庵禅師の墓

◇

江戸時代の末ごろまでは、変死者や行き倒れ（行路病者《こうろ》）の遺体は、村落の共同墓地に埋葬することが許されませんでした。現在でも、戒律のきびしい英国のカトリック教会では、自殺者の葬儀は教会で受け付けませんし、正規の墓地への埋葬も断わられます。

変死人や行き倒れの遺体は手足をしばって海老《えび》のように体を曲げ、頭を下に逆さまにして四つ辻や橋のたもとに埋め、上には自然石を置きました。これは、埋葬者の怨霊が抜け出して祟《たた》るのを恐れたからです。また、四つ辻や橋のたもとに埋めたのは、その上を絶えず人馬が往来して踏みつけているので、怨霊が抜け出せないと考えたからです。

後世になって、四つ辻や橋のたもとが怪談の舞台として登場したり、供養のための地蔵菩薩や亡霊を救うための観世音菩薩の石像が建てられたのは、そのためです。

山城（今の京都府東南部）の宇治橋の伝説である橋姫は、初めは怨霊であったのが、のちに人を守る霊に変わりました。これは水死した遺体を橋のそばに埋めた遺風から生まれた伝説です。また、京都の一条の戻橋で渡辺綱《わたなべのつな》（源頼光四天王の一人）が愛宕《あたご》山の悪鬼に遭って片腕を切り落とした説話も、変死人を橋のたもとに埋めた風習から起こった一例です。このような説話は、全国の至るところで見られます。

自然石を墓石として建てた家から変死人や行方不明の家族が出るのは、墓の形が行路病者などを埋葬したいわれと、自然石の悪相そのものが凶禍の暗示となるためです。ですから、決して不吉な自然石を墓域に建ててはいけません。

墓地の中に自然石を集めて露地庭のような装飾をつくると、墓地の陽気を損ない、悪相にする因となるので避けなくてはなりません。昔は料理屋などでも、赤い石は火を呼ぶ（火事を招く）と嫌ったものですが、最近は防火建築で安心しているためか、インテリア重視によるものか、玄関の踏み石に赤い石を敷いているのを見受けます。

実は墓石として自然石が盛んに使われたのは、明治時代になってからのことです。小田原の根《ね》府川《ぶかわ》石や東北の仙台石などが、交通機関の発達によって容易に運搬されるようになり、日清・日露の戦争後に忠魂碑として建てられ、それと同時に墓石としても建てられるようになりました。

◇

ある漢学者の墓
不吉な自然石は墓地の陽気を損なう

明治時代の初期に「因循姑《いんじゅんこ》息《そく》の音がする」と言われた、ある漢学者の墓が自然石です。

封建的な観念が抜けきれず、進取の気性にも乏しく、夫子《ふうし》自身ゆっくりと構えすぎて、ついには一生を何もしないで暮らし、糟糠《そうこう》の妻にも死に別れ、貧乏人の子沢山でした。その子たちも早死にしたり、家を離れてしまって、清貧に甘んじて余生を寂しく終わった孤高の君子でした。春秋の彼岸にも訪れる

青い石に縦縞の自然石で、病相が強く現われている墓

人が絶えて久しくなります。血縁の人々は絶えてしまったのでしょうか。

◇

周囲に植えられた棕櫚《しゅろ》の葉が、見た目にはよく映っていますが、青い石に白い縦縞《たてじま》のある自然石を建てた墓は、不幸にも病相が強く現われていて、たいへんな凶相となっています。ある風流人の考えた趣向ですが、墓は見た目や思いつきで建ててはいけない一つの例です。事実、この家では絶えず病気に悩まされています。

◇

「従二位　伯爵《はくしゃく》何某家之墓」と彫られた自然石の建っている墓の前に、「近く無縁として整理する」といった意味の管理事務所の公示札が立っているのを見たことがあります。

名誉と栄華を誇っていた名門の家柄でしたが、今はもう縁者もいなくなってしまったのでしょうか。お参りする人も供花《くげ》もなく、折からの冷たい秋の雨に濡れていました。

その後、近くにある墓地の鑑定を頼まれたことがあって、その墓の前を通ったときは、すでに跡形もなく整理されていました。おそらく絶家してしまったのでしょう。家が絶えるということは、見る人にとっても、言いようもなく寂しいものです。

◇

地方によっては、村落の全部が自然石を墓石として建てているところがあります。これは家の基となる墓が凶相であるため、村落の零細化は免れない方向にあります。

このような運命を転換させるには、村落の共同墓地の中に、総供養のために供養塔を建てるのがよい方法です。この場合、村落のそれぞれの家が協力することはもちろんです。

日本式と洋式とによる吉凶はない

現在の墓石の形は、大きく分けて日本式と洋式とに区別されます。洋式の形は、台石の上に四角い板石を建てて、表面に家名などを彫ったものです。

キリスト教の影響や、外国産の石材がたくさん輸入されるようになったため、デザイン上の利点によって最近多く見られるようになりましたが、赤や黒などの色の強い石で建てるのは綺麗には見えますが、凶相です。日本式とか、洋式とかによる型式についての吉凶はありませんが、いずれも天地陰

洋式の墓　赤や黒などの色の強い石材は凶相

陽の法則に適った数値の和合が大切です。

洋式の墓石を建てた場合は、特別に高くしない限り、目通《めどおり》（目の高さ）より低くなるので、お参りをするには墓石の前に膝をついて拝まなくてはなりません。そのために外国では、墓石の前に〝膝つき石〟を設けてあります。日本でも古くは、低い墓石には〝拝《おが》み石《いし》〟を設けて、膝をついて腰を低くして拝みました。今は「拝み石」という言葉だけが残っています。

日本式の型は、竿石《さおいし》という長方形の石を、二段か三段の台石の上にのせて、表面に「何某家之墓」とか「先祖代々之墓」などの文字を彫ったものです。竿石型とも呼ばれ、これは位牌の形からできたもので、江戸時代の初期ごろから現われた〝笠付位牌型〟から、笠石が省かれてなくなった型です。

表面に彫られている字句のように、家の先祖の遺骨が埋葬されているという〝石の標〟なのです。特定の個人の戒名を彫っていない墓石を〝代々墓《だいだいばか》〟と呼んでいます。

江戸時代の笠付位牌型の墓
笠が取れ現在の墓の形になる

礼拝の対象とするものではありますが、元来が石の位牌なのですから、慰霊とか成仏の効果は薄く、供養の本願である祖霊の成仏・解脱の導きとは縁遠いのです。そのため、別に「供養塔」を祀らなくては、本願を成就することができません。

大きな自然石に自分の姓名を彫った墓
このような墓を建てると、子孫はその人以上に大成しない

◇大きな自然石に「何某徳蔵家之墓」と自分の姓名を彫った墓は、代々墓のように見えますが、これはたいへんな間違いです。

いかに立身出世して高位高官についたとしても、それは自分一人の力量ではありません。たとえ分家の初代であっても、自分が家を興したとしても、それは先祖があってのことですし、これからもまた子孫が続くのです。後世に名を残したい願望とも受け取れますが、徳行を積んでいれば望まなくても名は残ります。

このような墓を建てると、子孫はその人以上に大成することはできません。しかも自然石であるため、多くの凶相を含んでいます。

墓地

墓の方位は東南か南・東向きが吉相

象形文字の「墓」の字は、土饅頭《どまんじゆう》に草が生えていて、太陽の光が照り輝き、後ろに木が茂っているかたちを表わしています。『万葉集』にも、

朝日照る　佐太《さだ》の岡辺《おかべ》に　群れ居つつ　わが泣く涙　止《や》む時もなし　（巻一・一七七歌）

とあって、「朝日照る」というのが、墓の枕詞《まくらことば》（昔の歌文に見られる修辞用の語）と考えられて、南向きや東南向きの日当たりのよい丘の上に群集古墳があることを見ても、昔から墓の日当たりには注意していたことがわかります。

墓地は明るいことが大切なのです。墓の正しい方位を、生命の根源である「天地陰陽の法則」から観ますと、墓は〝陰〟の場所になります。このことは文字にも表わされています。

象形文字の墓の字
土饅頭に草が生えて、太陽の光が照り輝き、
木が茂っている形を表わす

「墓」の字の「莫」の部分は、日が沈もうとしている状態を示しています。日を布（巾）でさえぎるから「幕」であり、さらに日が沈んで山に入ってしまうと「暮」になります。遺体を土でおおうから「墓」なのです。「幕」「暮」「墓」が陰性であることが、文字の上からもわかると思います。

◇

陰陽の和合を図るためには、墓を〝陽〟の方向に向けて、陽明な場所にしなくてはなりません。すなわち〝陽〟の方向とは、日が昇る東から南の間を指します。したがって墓地の向きは、

一、東南（巽—たつみ）
二、南
三、東

この三方が吉相の方向であって、その他の方向はすべて凶相になります。

西南（坤—ひつじさる—裏鬼門《うらきもん》）に向いている墓は、俗に「後家相《ごけそう》」といわれるもので、娘が縁遠くなる場合があります。

西に向いている墓は、色情の悩みに苦しめられます。また、娘が離婚して戻ってくるのも、この方向に多くあります。生まれてくる子どもに女子が多く、男子の育ちにくい相ともなります。西北（乾—いぬい）に向いている墓は、その家の主人が病気に悩まされます。とくに悪い場合には、精神障害の病気にかかった例もあります。

北向きの墓は、最悪の方位です。多くの災難に悩まされ、最後には家が絶えてしまう恐れがある相です。

東北（艮—うしとら—表鬼門）に向いている墓は、子どもが生まれても短命で、水子《みずこ》になることが多く、家の跡継ぎに困る相です。

これらはたんに方位だけから見た凶禍ですから、単純にすべてが当てはまるとは言えませんし、墓石の向きだけを変えても吉相となるわけではありません。墓石や墓地などを総合的に観相して、天地陰陽の法則に基づいて判断するべきです。

◇

方位とは直接に関係はありませんが、崖の下や、崖のすぐ上に墓をつくるのは避けなくてはいけません。崖の下にある場合は、家運の正しい発展を望めません。また崖のすぐ上にある場合は、家運の安定性が欠け、絶えず家庭が動揺することになります。崖崩れや水害の恐れがあることは、墓相以前に考えなくてはならないことです。

墓石の配列は先祖を敬うこと

墓石は、祖霊を供養するために建てるわけですが、二基、三基と数が多い場合は、その配列には十分に注意しなくてはなりません。誤った形で祀っては、誠実な供養をすすめることができません。

数十年前になりますが、「谷中の墓地にある先祖の墓にお参りに行ったら、近くに、元総理の大きな墓ができていた。向かって右から尊父の法学博士、夫妻の墓、左に○○家の累代の墓。元総理の墓がいちばん大きくて、おやおやと思った。これは取り巻きが悪い」という一文が、朝日新聞の読者投稿欄に載ったことがあります。

先祖の墓を両隅に押しやった墓は非礼であり、家運の衰退を招く

これは、いまさら「先祖の墓より大きな墓はよくない」という墓相学の原則を述べるまでもなく、きわめて常識的な問題です。

この方の両親は、有名な子弟教育の模範者でしたので、総理大臣になることができたことも、父母の恩愛のたまものであることを、忘れてしまったわけではないと思います。故人になった元総理は、謙虚で温厚なキリスト教の信者でしたから、祖霊と父母を両隅に押しつけて、自分だけが真ん中に大きく納まっていては、さだめし安らかではいられないことでしょう。

また元総理の俗名と並んで、未亡人の俗名が彫られて朱が入れてありました。それは夫を亡くした夫人が生前に夫婦の墓を作るとき、自分の戒名に朱を入れる習慣があるからです。これは「赤い信女《しんにょ》」と呼ばれます。この女性も、先代とともに二代続いての賢夫人との誉れが高く、社会的にも高い地位（女子大学学長）にあったのですから、建墓のときに、それ相応の慎重さと謙虚さを欠かれたのが惜しまれます。

このような非礼の墓を建ててしまうことは、家運の衰退を暗示しています。そのときが家の最盛時であって、この後に子孫がこれ以上に発展することはないのです。

墓は、いつも家運と子孫が発展し、隆盛するようにしておかなければなりません。

本家と分家の共同墓地は凶相

本家と分家との墓地は、家姓が同じであっても、決して共同で使用してはいけません。家姓が違っていれば、なおさらのことです。

ことに墓石が一基で、遺骨も一カ所に共同で納めると、たいへんな凶相となります。たとえ、本家と分家とは血肉を分けた兄弟であっても、おのおのが独立しているのですから、墓地も独立させなくてはいけません。

本家と分家とが共同で墓地を使用していると、本家という木の幹が繁栄していれば、枝葉の分家に対して、物質的にも精神的にも絶えず援助しなくてはならない運命になり、分家は本家の援助がなくては独立することができない因果関係が続きます。反対に、本家という老木が枯れて幹が空洞となり、わずかに周りの皮だけで生きているようなときには、茂っている枝葉の分家が、この老木の本家を援助しなくてはならないことが続きます。

不思議なことに、この場合のお互いは相手に対して感謝の気持ちを持つことなく、逆に不平不満さえもいだくことになって、両家の反目が根深く絶えることがありません。

ことに墓地や墓石が共同ですと、土地の所有権や家屋その他の財産の争いで、本家と分家とがいがみ合い、その反目や争いが長く続いて不幸なことになり、家がつぶれた例さえあります。

本家と分家との墓地は、家姓が同じでも
共同で使用してはいけない

このような場合には、一日も早く墓地に境界を設けることが肝心です。その境界は、竹の垣でも、一筋の石でもよいのです。

本家と分家との墓石が入り混じっている場合は、別々に分けるか、新規に分家の墓地を求めて墓石を移転・改葬する必要があります。その上で、本家も分家もそれぞれに、祖先の霊に対してお詫びし、成仏のために正しく供養をしなくてはなりません。

象形文字の「墓」の字の項で説明しましたが、字形のうえで後ろに木が茂っているといっても、墓域の中に大きくなる樹木を植えるべきではありません。

墓石を建てたときは、陽がさんさんと当たる明るい墓地であっても、樹木が大きく茂って墓石にかぶさって暗くし、根が伸びると遺体や納骨室の遺骨の安静を侵し、石をも損ないます。これは、家運の衰退と家族の病をもたらします。初めは小さな苗木でも、いずれは大きく育つことを忘れないようにしましょう。

◇

墓域に大きな樹木は好ましくない

樹木が生い茂って墓石にかぶさって暗くしている　家運の衰退と病をもたらす

私が岐阜県の多治見で建塔建墓をしたとき、土葬の墓地を改葬するために掘り下げたところ、樹木の根の部分が遺体の一つに絡んでいて、なんとそれが片方の目を貫いていました。その家の老母が、以前から原因不明の眼痛に悩んでいたのと同じほうの眼であったので、驚いて取り除き遺骨を洗い清めたところ、間もなく老母の眼痛が治ったという事実があります。

◇

東京・中野のある大きな寺の墓地を管理している植木職の老人に会ったとき、その老人は「庭の木は茂らせるが、墓地の木は茂らせては駄目だ」といって、その墓地の木が茂らないように、いつも気を配っていました。その老人は、墓相を知っているわけではありません。しかし、いつも墓地を回って無言のうちに墓と語り合っている間に、この真理を悟ったのでしょう。

また、実のなる木や色花のたくさん咲く木は、実や咲いた花が墓石の陽と合して陽の過剰を招くので、植えるべきではありません。

墓地の表面は土のままがよい

墓地には、天地自然の生気の正しい循環が必要です。生気のふさがれている墓は、循環が得られないために生命力が失われます。

墓域の表面を石で敷きつめたり、コンクリートで塗り固めたりすると、地の生気を殺してしまうために凶相となり、家の生命が失われる結果となります。天地の生気の流通を図り、墓地全体に生気が満ち満ちているようにすれば、自然に家運も隆盛となり、事業も発展し、商売も繁盛して、健康にも恵まれます。

墓域の表面を石で敷きつめると、生気を殺してしまい凶相となる

◇

この石を敷きつめた墓地は、ある映画俳優の墓です。花立や線香を立てる石、水鉢など供養に供するものがなく、生花が台上に置かれ、枯れるに任せてありました。

先代俯仰《ふぎょう》が凶相を指摘した半年後のことでしたが、昭和三十六年七月二十一日の『観光新聞』に、未亡人が不幸にも凶禍に見舞われたことが報じられ、夫婦ともに変死をするという現象となって現われたことがわかります。この墓を見ると、祀る目的を誤っていることがわかります。

◇

コンクリートで塗り固めるのも同じことです。土のままにしておくと草が生えるからと、表面にコンクリートを塗り、その上に砂利を敷いた墓をつくった人がおりました。お会いしたときに、凶相なので、できるだけ早い機会にコンクリートを取り除き、土の上に砂利を敷くように注意しておきました。

しかし、それから約二カ月の後に、元気だったその人が急死したとの報を受けました。救急車の中で亡くなったため、身内縁者の誰も死に目に会えなかったそうです。その後、私の話を聞いた遺族が驚いて、表面のコンクリートを取り除きました。

墓地は、草が生えるような生気が一面に充満していなくてはいけません。だからといって、草が繁茂していてもいけません。

表面に小砂利を厚く敷くことによって、草が生えるのを防ぐことができますが、何よりも大切なことは、常日ごろの墓参りと墓地の手入れです。表面に敷く小砂利は、墓石の場合と同様、黒いものは墓地を陰でおおうことになるのでよくありません。また、小砂利は川か海のものを用い、砕いた石はいけません。

赤い土を敷いている墓地を見かけることがありますが、これは直接に墓相の吉凶とは関係がありません。赤土《あかつち》（ローム層）は火山灰が降り積もった土ですが、土の粒子は粗くて酸性のため、ほかの土壌と比べると埋葬された遺体が早く土に消えてしまいます。このために、遺体を早く土に還す意味から用いられるのです。

実際には、納骨室（カロート）などの構造と、骨壺にこそ問題があるのです。たんに表面だけを赤土にしても、本来の意味は果たされないばかりか、雨が降ると、はね返った土が墓石をよごすという逆の結果となり、また流れ出た赤い土が、隣近所の墓地を染めて迷惑をかけることになります。

墓地には金属を使わない

近年はあまり見かけなくなりましたが、墓の周囲や入口に、鉄などの金属を使って柵を巡らしたり、扉を取り付けたものがあります。また、墓石の台石に花立として鉄パイプなどを直接に埋め込んだものもあります。

戦前につくられたそれらの多くは、先の戦争中に鉄不足のため国に提供され、取りはずされて、兵器の材料に生まれ変わりましたが、今も残っているものが多少はあります。

墓に金属を使用すると、家族に骨を痛めたり刀が入る人が出る

墓に金属を埋め込んだり取り付けたりしますと、家族に骨を痛めたり、体に刀《とう》が入る（切開手術など）人が出ます。悪くしますと犯罪者の出た例もありますので、十分に注意しなくてはいけません。扉を設ける場合には、金属を避けて丈夫な木で作るか、竹を渡すようにすべきです。

神鏡を模した墓石は不遜である

この墓は、神道の家の墓（奥津城《おくつき》）です。鳥居を構えて墓石を神鏡《しんきょう》に模して建てられています。鳥居とは神域を示す法門であり、神鏡は三種の神器の一つである「八咫鏡《やたのかがみ》」を表わし、神

鳥居を建て神鏡を模した墓は、思い上がった心の現われである

霊として祀るべきものであることは言うまでもありません。人間はいかに生前の徳行が高くても、死後にすぐ解脱して神界に入り神霊となることはできません。

これは不遜ですし、戯れとしか理解できません。暗い石で神鏡を表わしていることも、信仰心が薄いか誤っていることを物語っています。このような墓は、絶対に建ててはいけません。

◇

自然信仰である神道の墓の形体は、墓の自然の姿を表わし、生気の循環ができる土饅頭に芝を植えた円墳が最も原始の姿です。

しかし、これだけでは霊魂を解脱に導くものとはならないので、円墳の上に、宇宙自然の真理を包蔵している五輪塔を建てて、写経や祝詞《のりと》を納めるのが理想的です。

五輪塔は仏教のものというだけではなく、神社とも縁が深いものです。それは、国宝の「洛中洛外図屏風《らくちゅうらくがいずびょうぶ》」の北野神社の中に、「忌明《きめい》の塔」として一の鳥居の内に描かれていますし、『高良《たから》神社縁起』の中にも見られることなどでもわかります。

円墳は「やま」を表わしています。葬られた魂は祖霊神となって、秀麗な山に登り山の神

（産土神《うぶすな》）となって、子孫の生活を守り育ててくださいます。海の生活の者には、海の神となって護ってくださいます。高い山は天に通じていますし、海もまた海《あま》（天）なのです。

大祓の祝詞にも、祖霊神は国津神《くにつかみ》として表わされています。祖霊は現身《うつしみ》の汚濁を離れて国津神となり、高山《たかやま》の末《すえ》、短山《ひきやま》の末《すえ》に上《のぼ》りまして高山の伊穂利《いほり》（霧と考えられる）、短山《ひきやま》の伊穂利《いほり》をかき分けて、遠く国原をながめ見守っています。

山をつくって祖霊を祀る形が、土饅頭の円墳に表現されています。神道で墓所を「奥津城《おくつき》」と呼ぶのは、山の頂などにある奥津宮と同じことで、「やまの奥にある祖霊のおられる所（城）」という意味です。家庭の御霊屋《みたまや》は辺津宮《へつみや》（遙拝所）と同じことになるわけで、このことは別項の両墓制にもつながっています。

◇

神道では、墳墓を〝穢れ《けが》〟とすると思っている人が少なくないようですが、これは間違いです。古墳（古代墳墓）祭祀は神社祭祀の重要な原初の一つであり、今もこの「まつり」の形を伝えている神事はたくさんあります。『延喜式《えんぎしき》』（禁中などの儀式作法を記した書物）にも、「陵墓に参ることは穢れではない」と明記されています。

古墳の中に、「前方後円墳」と呼ばれる形があります。有名な「仁徳天皇陵《にんとく》」などがそれです。この形は葬られている〝やま〟と、祀りの場である〝台地〟が組み合わされた姿です。時代が進むにつれて、台地の部分（前方部）も高く築かれるようになり、やま（後円部）と台地（前方部）

を一体視するようになりました。

神事を専門としていた古代の氏族を、祝部《はふりべ》と呼んでいました。「はふり」とは「葬り」であって、盛大な墓のまつりが執行されていたことがわかります。古墳から発見される須恵器《すえき》（土器）の中にはたくさんの祭器具が含まれていることから、別名を「祝部《はふりべ》土器」とも呼ばれています。このように多くの祭祀土器を製作していた背景からも、神道では墳墓のまつりがいかに大切であり重要なものであったかがわかります。「天の岩戸」の神話も、墓前祭を題材としていると考えられます。

「墓誌」と「墓碑」

墓についての知識が薄い代表的な例の一つとして「墓誌《ぼし》」があげられます。戒名（法名）などを刻んで墓地に建てる石碑のことですが、本来は「墓碑《ぼひ》」が正しい名称です。

字義（漢字の意味）どおり解釈すれば、碑は「いしぶみ」のこと、誌は「しるす」という意味で、その区別ははっきりとしているのですが、最近の国語辞典や漢和辞典はこの解釈が必ずしも明解ではありません。

しかし『広辞苑』（第一版）の「墓誌」という項目には「②金石に死者の事跡をしるして棺とともに埋めるもの」とあり、また「墓碑」として「死者の氏名・戒名・事跡・没年月日などを彫刻して立てる石。墓標として立てる石」という説明があることからも、墓誌と墓碑とを区別していることは明らかです。さらに『大辞典』（三省堂）には「壙前《こうぜん》（墓の穴の前）三尺の地を選ぶを法とす」と記載されています。

墓誌とは、亡くなった人の徳行などを来世（のちの世）に伝えるために、石などに刻んで棺や骨壺とともに埋めたものであり、墓碑とは、墓誌と同じものを地上に建てたものです。それがいつの間にか混同されてしまい、近頃は「墓誌」と彫刻されたものをよく見かけるようになりました。

辞典の話が出たついでに書き添えますと、今日の辞典からはほとんど「崇祖《すうそ》」ということばが消えてしまっているのは残念なことです。

日本文化の核心は、要約すれば敬神崇祖にあると思います。私たちは「敬神崇祖」の意味を心に刻みつけ、その実行に努めたいものです。

納骨堂・納骨室

遺骨が自然に還る状態が望ましい

私たち人間は、肉体と精神（霊・生命）の作用によって成り立っています。仏教では、肉体と精神は五蘊《ごうん》と呼ばれる要素によって構成され、それぞれの正しい調和のもとに生命を維持していると説いています。五蘊とは、

色蘊《しきうん》　形体のあるもの（物質・肉体）
受蘊《じゅうん》　外界から受ける感じ（感覚・知覚）
想蘊《そううん》　外界に対して持つ心理的意識の内容（想像）
行蘊《ぎょううん》　意志の作用（意志）
識蘊《しきうん》　対象を認識する精神活動（認識）

という五つの要素です。生命（霊）は、大きな宇宙の流れのなかに存在し、生命を育むために肉体を持ちます。そして〝死〟とは、肉体の作用が停止することであって、霊魂は肉体を離れて四次元世界の中に存在することになります。肉体もまた、その根源である自然の中に、速やかに還さなくてはなりません。

墓参をしたときには、誰もが習慣のように無意識に墓石に水をかけていますが、これは埋葬されている遺体や遺骨に水の一滴、露のひとしずくでも届いて、少しでも早く土になり水になって自然に還ることへの促進であり、手助けでもあるのです。

◇

仏教発祥の地インドでは、遺体は火葬にしていました。インドの火葬は最も古い火葬の起源であると言われています。

わが国の葬法も大きく変化してきて、最近では大部分が火葬になっています。その起源については不明な点が多く、学者の間で論議されていますが、文献的には『続《しょく》日本紀』には、文武天皇四年（七〇〇）三月十日の条に、「道昭和尚死去す。弟子たち遺体を栗原にて火葬す。天下の火葬これより始まる」と記されてあります。しかし実際には、考古学の研究によって、六世紀か、それ以前にも火葬が行われていたことが発表されています。

『万葉集』にも、

土形娘子《ひじかたのをとめ》を泊瀬山《はつせやま》に火葬《やきはふ》る時、柿本朝臣人麿《かきのもとあそんひとまろ》の作る歌として、

隠口《こもりく》の　泊瀬《はつせ》の山の　山の際《ま》に　いさよふ雲は　妹《いも》にかもあらむ　（巻三・四二八歌）

溺《おほぼ》れ死にし出雲娘子《いづもをとめ》を吉野に火葬る時、柿本朝臣人麿の作る歌として、

山の際《ま》ゆ　出雲《いづも》の児らは　霧なれや　吉野の山の　嶺《みね》にたなびく　（巻三・四二九歌）

など多くの歌が見られます。また持統天皇は、その遺詔によって飛鳥崗《あすかおか》に火葬されたという記録があり、ついで文武《もんむ》・元明《げんめい》・元正《げんしよう》の三帝も火葬の法をもって葬られたとの記録が『続日本紀』などに見られます。

葬法がどのように変化しても、根本の真理は変わりません。土葬が火葬となっても、天地自然の生気が循環して、墓参のときの遺族、縁者の手向《たむ》ける手桶の水（閼伽《あか》水）や、大自然の天水・雨露の恵みを受けて、一刻も早く、遺骨が自然に還ることのできる状態に墓地を整えなくてはなりません。それが家の生気の循環を表わし、家運の隆盛の礎となるのです。

◇

天地自然の真理からすれば、墓石の上を屋根などでおおってしまうことが凶相となるのは当然です。

神奈川県の鎌倉には、「やぐら」と呼ばれる独特の墳墓が、市内の山に多く遺されています。山や谷の岩に横穴を掘って遺骨を納め、その上に石塔を安置し、壁面には仏像の陽刻や陰刻が施

北条政子の供養塔と伝えられている　横穴を掘って石塔を安置している（鎌倉市・寿福寺）

墓石の上を屋根などでおおった墓は、生気の循環を絶ち、凶相となる

されているものです。

「やぐら」の名称は「いわぐら」が訛ったか、「矢倉」の転訛《てんか》したものなどが考えられますが、その正確なことはまだ不明です。鎌倉幕府の指導者たちの多くが、今も「やぐら」に祀られています。御家人、武士たちが、このような凶相の墓に祀られているのを見ると、鎌倉幕府が滅亡した悲惨な歴史がうなずけます。

　鎌倉市内の寺院の墓地の中には、「やぐら」を改造、利用した墓が、少なからず見受けられます。その家の人たちは、昔は他人の墓であったことを知っているのでしょうか。見るからに不快な、陰鬱な凶相となっています。

◇

「やぐら」の中に、開山の無縫塔《むほうとう》が建てられています。横穴の中で、天水・雨露の恵みを受けられないばかりか、暖かい陽の光をもいただけない暗い凶相

開山の無縫塔
横穴の中で、天水・雨露、陽の光が受けられない凶相の墓

です。

無縫塔はまた卵塔《らんとう》ともいって、無縫とは縫い目のない意味で、稜角《りょうかく》を持っていない塔のことです。卵塔とは、その形から付けられた名称で、卵を逆さにしたような姿であることから呼ばれています。

鎌倉時代に、中国に渡った禅僧によって輸入され、室町・江戸時代を通じて次第に広がりました。初めは禅僧の墓塔に限られていたのが、時代が移るにつれて、僧侶一般の墓標としてつくられるようになり、まれには俗人の墓標として用いられている例もありますが、筋道からは外れています。

生気の通わない納骨室は避ける

火葬にした遺骨を納めるために、現在の墓石の下には納骨室（カロート）がつくられています。これは大正十二年の関東大震災によって、震災地の寺院が寺内の墓地に土葬することを禁止されたために、火葬の骨壺を埋葬する必要から、カロートをつくったものです。土葬と比較して墓地の面積を必要としないために、急速に全国的に広がりました。カロートというのは、内部が箱形になっていて「唐櫃《からひつ》」に似ているところから呼ばれています。

生気の通わないコンクリートを使った納骨室は、致命的な凶相となる

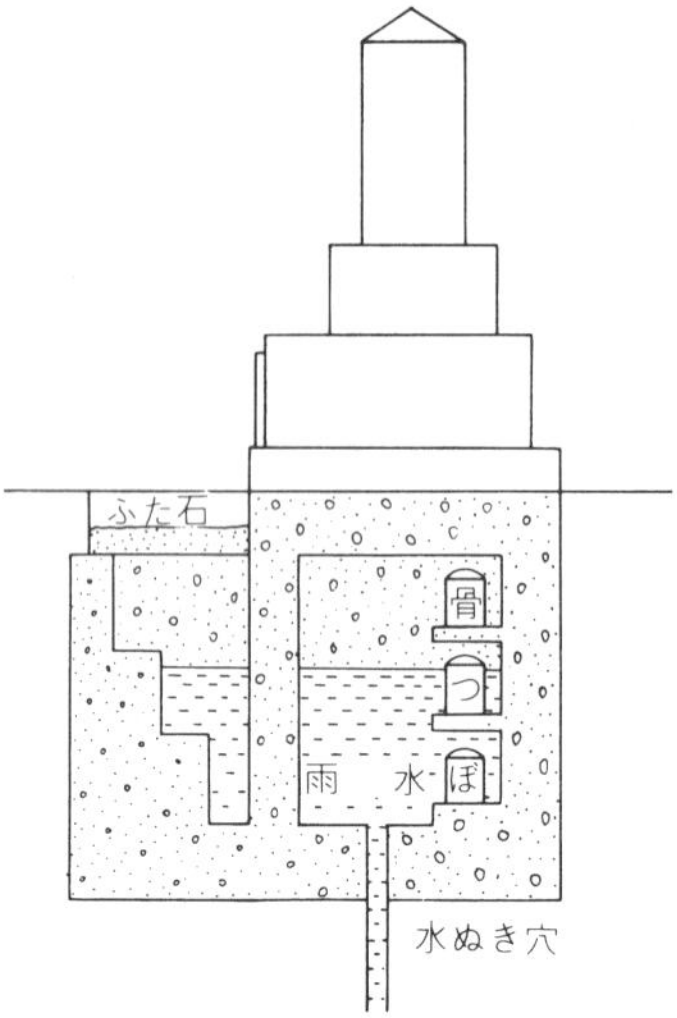

コンクリートの納骨室の断面図
この納骨室は雨水がたまって、骨壺に水が入るから、形式的な水抜きの穴はあっても、役に立っていない

現在のカロートの大部分はコンクリートでつくられて、中に棚がいくつか付けられている式のもので、その棚の上に、陶製の壺に納めた遺骨を安置する仕組みになっています。

墓石の建て方は、一霊一基、夫婦一基とするのが理想であり、土葬も望ましいことですが、今日のように墓地の面積を広く得ることは困難となり、また葬法も火葬が社会一般の形となっている場合には、一基の代々墓《だいだいばか》を建てて、その一基の墓石の下に家族の遺骨が納められる形式をとるべきです。

そこで、遺骨を納める納骨室（カロート）のあり方が問題なのです。「カロート（納骨室）はよくない」という言葉を聞きますが、これはそのあり方やつくり方がよくないのであって、納骨室そのものは決して悪いことではありません。

コンクリートでつくられた納骨室（カロート）は、天地自然の生気が通わないので、悪くすると雨水が流れ込んで溜まり、遺骨が水につかることになります。底に水抜きのための穴をあけたり、底を抜いて土の状態にしたりしますが、コンクリートそのものが水を通さないので、一度流れ込んだ水は容易には消えません。

生気の通わないコンクリートを使って納骨室（カロート）をつくるのは、致命的な欠陥であり凶相です。

地上にコンクリートの納骨堂を建てるのは、たいへんな凶相
一家断絶や無縁仏ができる暗示となる

納骨堂では家運の隆盛や安穏は望めない

墓石の下にコンクリートで納骨室（カロート）をつくることさえ凶相なのに、さらに地上にコンクリートの納骨堂を建てるのは、たいへんな凶相となります。納骨堂に遺骨を納める形式は、家財などを倉庫（ロッカー）に納めることと同じ考えによるものであって、一家断絶したり無縁仏ができる暗示であり元凶です。

九州の佐世保にあるこの納骨堂は、親子孫の三代にわたって事故死が続き、不幸にも断絶してしまった家のものです。

この納骨堂をつくった祖父は、正月の餅をつくるために納屋から臼《うす》を取り出そうとして、手をはさんだのがもとで破傷風になって亡くなり、それで正月に餅をつかない家風になりました。さらに父親は、太平洋戦争中に瀬戸内海で灯火管制下の暗闇の夜に、別府通いの汽船が軍用船と衝突して沈没したとき、その犠牲となって水死し、主人は運転中のオートバイを停車中の自動車にぶつけて即死しました。あとには、年老いた母親と幼い娘の二人だけが遺されました。

亡くなった主人は、納骨堂の墓相が悪いことは知っていたのですが、改造する機会を失い、納骨堂を建てたときからは三十数年の春秋が流れていました。墓相の悪いことに気がついたら、できるだけ早い機会に改めることが必要です。または仮供養をして家運の流れを正しくし、祖霊にお詫びをしなくてはいけません。

◇

近年、市街地にある寺院の中には、墓地の造成に困って鉄筋の納骨堂や特設墓地（形式は納骨堂と同様）をつくっているところがあります。大規模なものとしては、ある教団がつくった「無量寿堂」（京都市内）が挙げられ、内部には一万五千の納骨施設がつくられています。金属製の扉を開くと、小さな仏壇のような祭壇があって、そこに遺骨を納めるようになっており、どこの納骨堂とも似たような形式です。

遺族の人々は、この前で僧侶に読経してもらい供養するのですが、礼拝の対象が誤っていますから、真の供養にはなりません。礼拝供養をする本願は、祖霊の成仏と遺骨の自然消滅にあります。いくら飾ってある遺骨に読経をしても、その本願からすれば遙かに遠いために、成就することができにくいのです。

このように、天地自然の恵みもなく、生気の遮断された場所に遺骨を安置していては、家運の隆盛や安穏は望めないばかりか、衰運と凶禍の元となります。納骨堂における無縁仏のできる割合と、普通墓地のそれとを比較した場合、納骨堂のほうが遙かに多くなっています。納骨堂では、常に無縁仏の遺骨の処置に悩んでいると聞いています。

骨壺は素焼きがよい

現在の骨壺の大部分は、白い陶製のものが用いられ、大理石のものまで用意されています。これは火葬場で半ば強制的に渡されるもので、特別な場合を除いては選択の余地がありません。しかし、骨壺としてはまったく不適当なしろものです。

骨壺は絶対に〝素焼《すや》きの壺〟がよろしいです。昔は素焼きの壺が用いられていましたし、今でも東北地方の一部やほかの限られた地域では、素焼きの骨壺を用いています。

この素焼きの壺は破損しやすく、運搬に不便なために、現在は陶製のものが広く使用されています。昔は骨壺の代用として、火消し壺や、すり鉢を使用したこともありました。今日では、骨壺をたんなる骨蔵器（遺骨を納める容器）としか認めていないために、陶製あるいは石製の壺を

平安時代の素焼きの骨壺（國學院大学所蔵）
生まれた母胎に還すという観念が見られる　骨壺は息の通う素焼きがよい

平気で用いているのです。

骨壺には本来、母親の胎内の意味があります。昔の人たちは、遺体や遺骨を自然に還すことを、より積極的に進めるためには、生まれてきた母親の胎内に還すことだと考えました。それは、女性の子宮を暗示するような彩色や文様を施した骨壺が、幾つも発見されていることによってもわかります。このことからも、骨壺は息が通うものでなくてはなりません。

その上、陶製の骨壺は、水が溜まるのを防ぐことができません。それは、壺の内と外との温度の変化や湿気などによって内側に汗をかくと、それが壺に溜まることや、雨水が入ったりするためです。

また、骨は不思議に水分を呼ぶ性質を持っていて、壺の内側に水気が入ります。陶製だと、溜まった水は外に流れないので、遺骨が水びたしになってしまいます。遺骨に水が届くのが理想だといっても、水浸しになっては困ります。水の中では、自然に消滅することができないからです。長い間、地上の納骨堂に納められていた骨壺から、たくさんの水が出た例があります。

遺骨が水につかっているために起こる凶禍は、家族の中に腎臓《じんぞう》、膀胱《ぼうこう》、肋膜《ろくまく》などを病んだり、冷え性、神経痛、リューマチに悩み、悪くすると脳浮腫《のうふしゅ》、心臓病を病んで体がむくんだりする者が現われます。顔などに原因不明の斑点ができるのも、このためによるものが多くあります。

コンクリートの納骨室（カロート）に陶製の骨壺を納めることは、遺骨を保存する形であって、供養をすることにはなりません。前に述べたように、遺骨は一刻も早く自然に還さなくてはなりませんから、天地陰陽の自然界の生気が正しく循環するような納骨室をつくり、素焼きの骨壺に納めて安置しなくてはいけません。

この具体的な方法は別項で述べますが、近年は生前に骨壺を求める人もおられます。この場合にも、是非とも素焼きの骨壺を参考にしていただきたい。

位牌と供養塔

誠真な供養で遺族・子孫は安穏

奈良公園から奈良街道（国道二十四号線）を南に下って天理の町を抜けると、日本人のふるさとが広がります。

「箸の墓」と呼ばれる孝霊天皇の皇女の墓
（奈良県桜井市）

万葉人に詠まれた大和三山を遠くに見ながら、崇神《すじん》天皇の陵《みささぎ》を過ぎて大神《おおみわ》神社に近づくと、道の左に樹木がこんもりと茂っている森を、田んぼのなかに見ることができます。「箸《はし》の墓」とも呼ばれていて、孝霊《こうれい》天皇の皇女の倭迹迹日百襲《やまとととひももそ》姫命《ひめのみこと》の墓です。

『日本書紀』の巻第五には、「崇神天皇の十年（約二千八十年前）につくられ、昼は人が作り、夜は神が作った」と伝えられています。三輪山の西のふもと、奈良県桜井市箸中にあって、四里ほど離れた二上山から人が列をつくって石を手渡しに運んだといわれています。

当時の人の歌に、

大坂に　踵《つ》ぎ登れる　石群《いしむ》らを　手逓《たご》伝《し》に越さば　越しがてむかも

とあるのは、山を越え坂を越えて石を運ぶ困難を詠んだものです。現在でも、一つの墓をつくるためには、家族の多くの努力と慎重な気持ちが必要であることに変わりはありません。同じ大和には、貴重な壁画が発見されて世の脚光を浴びた高松塚古墳や、有名な石舞台を始めとして数多くの立派な墳墓が遺されています。

◇

今も至るところで新たに墓地がつくられています。その真意は、故人の霊を祀り供養をしようということにほかなりません。古くから供養の方法として、

一、造寺供養（寺を建立する）
二、造仏供養（仏像をつくる）
三、造塔供養（供養塔を建てる）

四、写経供養（経文を書写する）
五、読経《どきょう》礼拝供養（経を読み、礼拝する）

の五つがあります。供養の本願とするところは、祖霊の成仏と解脱にあることは、これまでに述べてきたとおりです。墓石を建てて遺骨を納めることは、肉体（遺骨すなわち色蘊《しきうん》）を自然界に還す〝肉体の供養〟であって、霊魂に対する供養にはなりません。

写真のような霊園墓地は、たんなる遺骨の安置場所であって、遺骨を自然界に還すことはできるとしても、霊魂の供養の意味はないため、祖霊の供養の本願にはほど遠いと言わなければなりません。

遺骨の安置場所のような霊園墓地では、祖霊の供養の本願にはほど遠い

◇

供養をするには五つの方法があることを述べましたが、造寺供養と造仏供養は必ずしも一般的とは言えず、ごく限られた階級の人々の間で行われてきました。ただ、本願である祖霊成仏よりも、現世の栄華と安穏とを念じることのほうが強く、しばしば権力闘争の場として利用されたことは残念なことです。

しかし、そのような供養を修した名が後世まで伝えられているのは立派なことであり、それらの一部が、今日、文化財として伝えられているのは、また尊いことでもあります。

祖霊の供養を正しく行うためには、肉体（遺骨）を自然界に還すための納骨室（カロート）と墓石を建てるほかに、霊魂を成仏に導くための「供養塔」を建てることが必要であり、さらに塔下には「写経」を埋納し、日々の「読経」と「礼拝」が行われなくてはなりません。

それによって、「造塔」と「写経」と「読経礼拝」の三つの供養が行われ、祖霊は三重の供養を受けることになります。祖霊は真の供養塔によって成仏に導かれ、誠真な写経によって救われ、日々の読経によって高められて、ついには解脱を得ることができます。こうした遺族や子孫の誠真な供養によって成仏・解脱した祖霊は、力強く家運を守護し安穏に導くのです。

卒塔婆の起源

墓に卒塔婆《そとば》（供養塔）が建てられたのは、嘉祥《かしよう》三年（八五〇）に崩御《ほうぎよ》された仁明《にんみよう》天皇の陵からです。

天皇は、今の京都市伏見にある深草《ふかくさのみささぎ》陵に葬られ、方丘の形をした陵の周囲には空堀を巡らして、陵上には樹木を植え、卒塔婆が安置されました。

卒塔婆とは、古代インドの言葉（梵語）のストゥーパが語源です。それが簡略化されて「塔婆」となり「塔」となりました。インドでストゥーパというのは、土石を積み上げてつくった墳墓のことを意味しています。

◇

ここで「仏塔」の起源について触れてみます。

お釈迦さまは、紀元前四八六年二月十五日に天竺跋提河《ばつだいが》西岸の沙羅《さら》樹林の中に臥して、八十年の生涯を閉じ、涅槃《ねはん》に入りました。遺体は拘尸那羅《くしなら》城外の北林において、火葬（荼毘《だび》）をもって行われました。

荼毘に付したあとの仏舎利《ぶつしやり》（遺骨）をめぐって、八大国王が自国に持ち帰ろうとして互いに争いましたので、香姓《こうしよう》婆羅門という者が仲裁に入り、仏舎利を八国に等分することで納得させました。八大国王は、それぞれに一分を得て自国に帰り、塔を建てました。これが舎利八塔と言われるものです。

その仏舎利を納めた壺には蜜が塗ってあったために、香姓婆羅門は仏舎利が付着したもとの壺を崇めて一塔を建てました。また里人が荼毘のあとに残った灰を集めて灰塔を建てたために、お釈迦さまの没後に十塔が造立されました。これが仏塔の起こりです。

一八九八年、お釈迦さま誕生地の藍毘尼《ルンビニー》園付近のピプラワーで、大理石櫃のなかに納められていた蠟石製の舎利壺が発見されました。その刻文が解読されて真の仏舎利であることが判明し、舎利八塔の説話が正しいものと確かめられました。この仏舎利が分けられて日本に贈られ、それを祀っているのが名古屋の日泰寺《にったいじ》です。

◇

霊魂は、肉体が死滅したのちに成仏・解脱を得て宇宙森羅万象の四次元以上の世界に移り、永遠の生命をもって存在するわけですが、それは正しい供養を受けてからのことです。

供養を受けられない霊は、苦界をさまよい苦しみ、子孫を加護し導くことはおろか、自己の安息の座をも得ることはできません。そのため顕界（人間の世界）にあっては、子孫が凶禍をもたらす業や因縁に翻弄されて不幸な道をたどることになるのです。このことは、天地陰陽の法則に反する墓を建て、祖霊に供養が届いていない家の暗示や凶禍を見れば明らかです。

しかし、家に起こる凶禍は、浮かばれない祖霊の祟《たた》りだけに起因するのではありません。まれには子孫に暗い影を投げかける霊や、浮かばれたくて遺族にすがる霊もあり、家にまつわる悪い因縁や業、祖霊の罪障による怨念が凶禍となって現われることが多いのです。

祖霊の本来の姿は、子孫と家とを悪い因縁・怨念から守護し、繁栄と安穏に導くものであって、禍いを及ぼすものではありません。

暗い影を投げかけている霊には、誠真な供養をささげて本来の姿に立ち返らせ、守護と導きを仰がなくてはなりません。浮かばれずに苦界にある霊は、供養を求めてすがっていますから、正しい供養をして、成仏・解脱の道に導かなくてはなりません。

供養塔に戒名や俗名は彫刻しない

現今の墓石の元となる形は、位牌が起源ですが、さらにさかのぼって、今のような竿石型になった変遷過程の一つとして、「供養碑」が考えられます。

関東では、鎌倉時代の中ごろ（約七百年前）から室町時代（約五百年前）には、「緑泥片岩《りょくでいへんがん》」という秩父地方産出の青い柔らかな石で、供養碑が建てられました。「板碑《いたび》」とか「青石卒塔婆《あおいしそとば》」と呼ばれています。初期のものは霊魂の成仏だけを願うため、自分が信仰している如来や菩薩の悉曇《しったん》（梵字）だけしか彫られませんでした。

写真の板碑の拓影は、上部を三角形にして阿弥陀如来の種子《しゅじ》（悉曇《しったん》）を蓮華座にのせ、下部の真ん中に花瓶に花が活けられている姿を描き、右側に「嘉元三年」（一三〇五）、左側に「九月廿一日」と刻まれています。

墓石の原型と考えられる板碑
緑泥片岩で作られた供養碑で、如来や菩薩の梵字が彫られている　この板碑には、阿弥陀如来の種子が描かれている

ただ一字刻まれた阿弥陀如来の種子は、極楽への往生と来世の安楽を願う悲願の強い現われであって、霊魂の成仏だけが唯一の目的ですから、故人の戒名や俗名を明記する必要はなかったのです。

◇

京都の賀茂川の上流に、五月に催される葵祭《あおいまつり》で名高い賀茂《かも》別雷《わけいかずち》神社があります。神社からそう遠くないところに社家（世襲の神職の家柄）の墓地があって、その中ほどに白川石でつくられた古い供養碑が建てられています。

胎蔵界《たいぞうかい》の大日如来の種子が、飛竜のように力強く雄大に彫られていて、下方には浮き彫りの蓮華座が添えられています。「胎蔵界」とは、母親の胎内で子どもを慈しみ育てるように、すべての衆生は大日如来の慈悲によって生じたという法門です。

賀茂神社にゆかりの深い氏族の総墓
（京都・上賀茂）

碑には銘文が刻まれており、長年の風雨にさらされ風化しているために判読できませんが、室町時代のころに建てられた賀茂神社にゆかりの深い氏族（賀茂族）の総墓（供養碑）と思われます。関西に遺っている供養碑の中でも、すぐれているものの一つです。

◇

このように、初期の頃は位牌とか墓石の頭部に、仏・菩薩の種子などが描かれ彫られていましたが、大正の初めごろから、次第に家紋に代わってきました。これは供養の本願を忘れ、たんなる装飾的な意味しか持たなくなったものです。家紋をいかに大きく墓石に彫っても祭祀にはならず、成仏・解脱の導きにはなりません。

位牌と仏壇の祀り方

ここで、位牌について触れておきます。

位牌とは、死者の戒名（法名）を記して仏壇に安置する長方形の木碑《もくはい》で、神道では、同じ目的を持っているものを霊璽《れいじ》（霊牌《れいはい》）と呼んでいます。これは元来、仏教にはなかったもので、中国の儒教から神道にその形式が伝わって、鎌倉時代以後、仏教に取り入れられ、次第にわが国に広まったものです。

「位《くらい》の牌《ふだ》」という意味で、もとの形は故人の官位とか姓名を書き記した木札（笏《しゃく》状のもの）でした。それが仏教に取り入れられますと、故人の戒名（法名）を記し、ほとけになったものとして拝むために、台座を蓮華の形に彫刻し、屋根をつけて装飾したのです。

「まだ亡くなった人がいないので、仏壇はありません」という話を聞くことがありますが、仏壇は位牌を祀る専用スペースではありません。本来は自分が信仰している仏さまを祀る場所です。そこに先祖の位牌を祀るのは、ご先祖を仏さまの世界に加えていただき、仏さまに導いてもらうためです。したがって仏壇の中心は仏さまで、位牌は一段下がった所や両脇に祀ります。

位牌は一霊一牌か夫婦一牌にすることが理想です。「繰《く》り位牌」は、できれば避けたいものです。御命日が重複する先祖があった場合には、どちらかの霊に対して軽視することになります。また、常に一人の戒名（法名）だけが表に出ているわけですから、ほかの位牌は祥月《しょうつき》命日が来ても、つい家人が忘れて、繰り出してもらえないことがあります。繰り位牌の場合には、必ず過去帳を整えて遺漏がないように心して祀らねばなりません。

五十年忌を過ぎた先祖の位牌は、一般の位牌より大きな「総位牌《そういはい》」（代々の霊を祀ってある位牌）に合祀しても差し支えありません。移霊式を済ませた旧い位牌は、祓いをしてから浄火で焼いて、完全に灰にしたのち墓地に埋めるか、清流や海に流します。

◇

仏壇には「過去帳」または「回向帳《えこう》」を備えて、毎日繰って祀ることが大切な供養の一つです。私は、過去帳に「三十仏」（一日から三十日までの毎日に交替で守護してくださる三十体の仏・菩薩）の種子《しゅじ》を、薄墨で謹書してあげることがあります。

命日に当たらなくてもページが白紙でなく、その日の守護仏が薄墨で記されているので、虚無感から救われると同時に、礼拝供養の意義が一段と高められることになります。繰り位牌の場合は、特に求められます。

「戒名」とは、本来は、得度した者が戒を受け、仏教徒となったときにいただく名前のことです。他力本願を宗旨とする浄土真宗は、戒律は不要という立場から、戒名とは言わずに「法名」と呼びます。

参考までに、仏壇の一般的な祀り方を図で示しておきます。このほかに宗旨によって、いろいろな装飾が加わります。

また浄土真宗の場合には、御本尊の阿弥陀如来の光背《こうはい》が、東本願寺（大谷派）と西本願寺（本願寺派）では異なります。光背の舟形のものが西本願寺で、東本願寺は棒状に出ているもの（輪御光）です。

◇

仏壇を祀る方位は、家の中の清浄な部屋に安置して、西北（乾―いぬい）に構えて東南（巽―たつみ）か、南向き、東向きが最善です。

西に構えて東向き、南向き、東南向きも結構です。東に構えた場合の南向きはよいが、西向きや北向きはいけません。また、東南に構えての南向きはよいが、南に構えての東向きはいけません。

また、仏壇と神棚を同じ部屋に祀ることは差し支えありませんが、互いに向き合うことや、上下に重ねることは避けなくてはなりません。

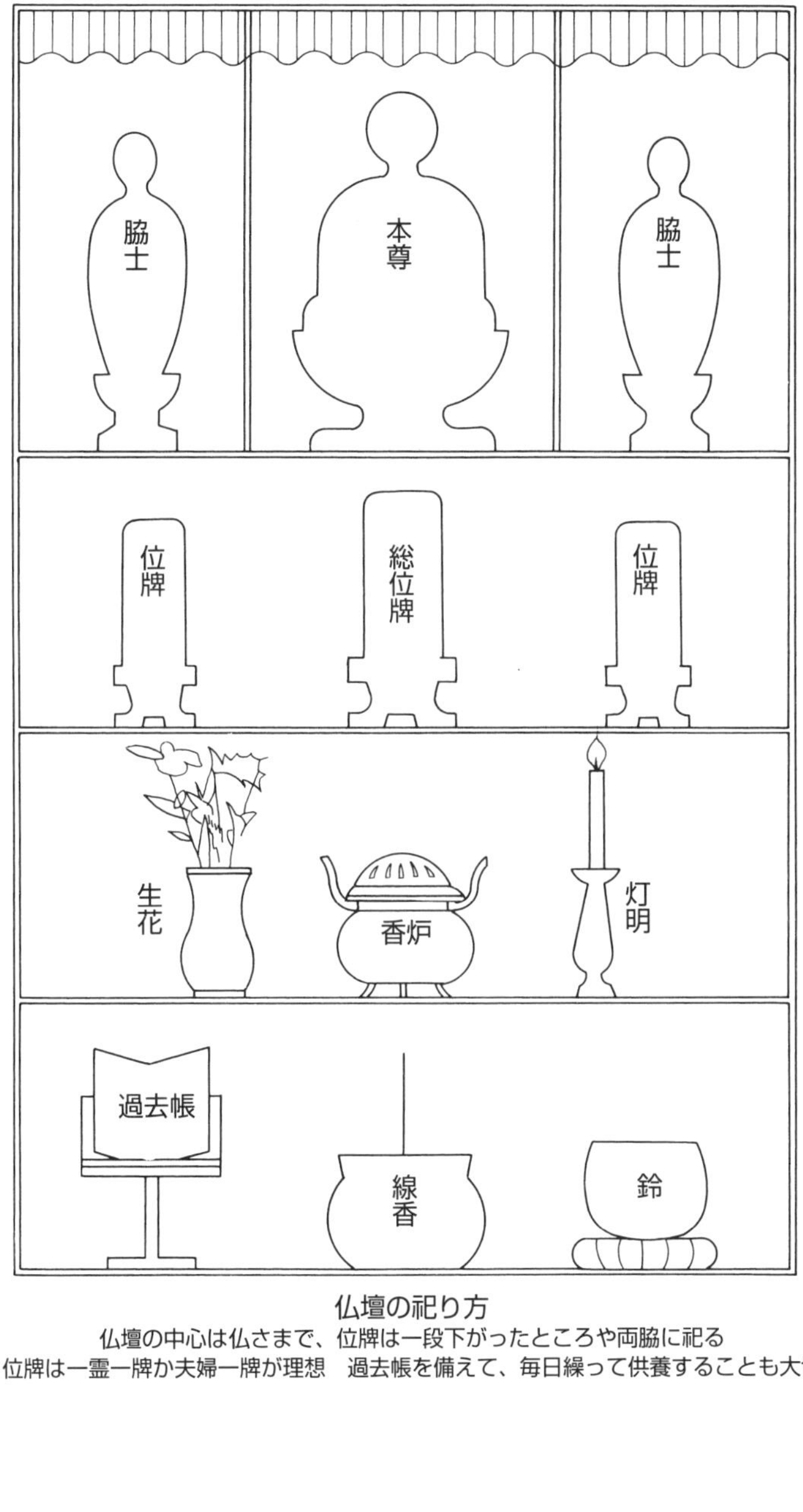

仏壇の祀り方
仏壇の中心は仏さまで、位牌は一段下がったところや両脇に祀る
位牌は一霊一牌か夫婦一牌が理想　過去帳を備えて、毎日繰って供養することも大切

五輪塔

大宇宙の真髄を表わした供養塔

苦界に沈んでいる祖霊を救って成仏・解脱に導き、私たちの生命を活力あるものにするためにも、供養塔を建てることが望ましいのです。

供養塔は、大宇宙の真髄を表わしている「五輪塔《ごりんとう》」が最も供養の本義にかなっています。五輪塔は四方同形の塔で、霊魂が成仏し解脱する奥深い真理と哲理とを立体的な形の中に含んでいるので〝五解脱輪塔《ごげだつりんとう》〟とも呼んでいます。五輪の〝五〟は、宇宙の五大（空・風・火・水・地）を表わし〝輪〟は「いろいろな徳を備えた円い輪は、広く大きく天地をめぐって、あますところがない」という意味です。

この五輪塔は、およそ千年前の平安時代の中ごろからわが国に現われた独特の形で、鎌倉時代には供養塔や墓塔として最も盛んに建てられました。昔から広く知られている塔の一つです。

五輪塔はわが国独特の塔で、ほかの国には見当たりません。今日まで多くの人たちが研究を重ねてきていますが、その起こりについての明確な結論が出ていません。いまでも一般的に五輪塔

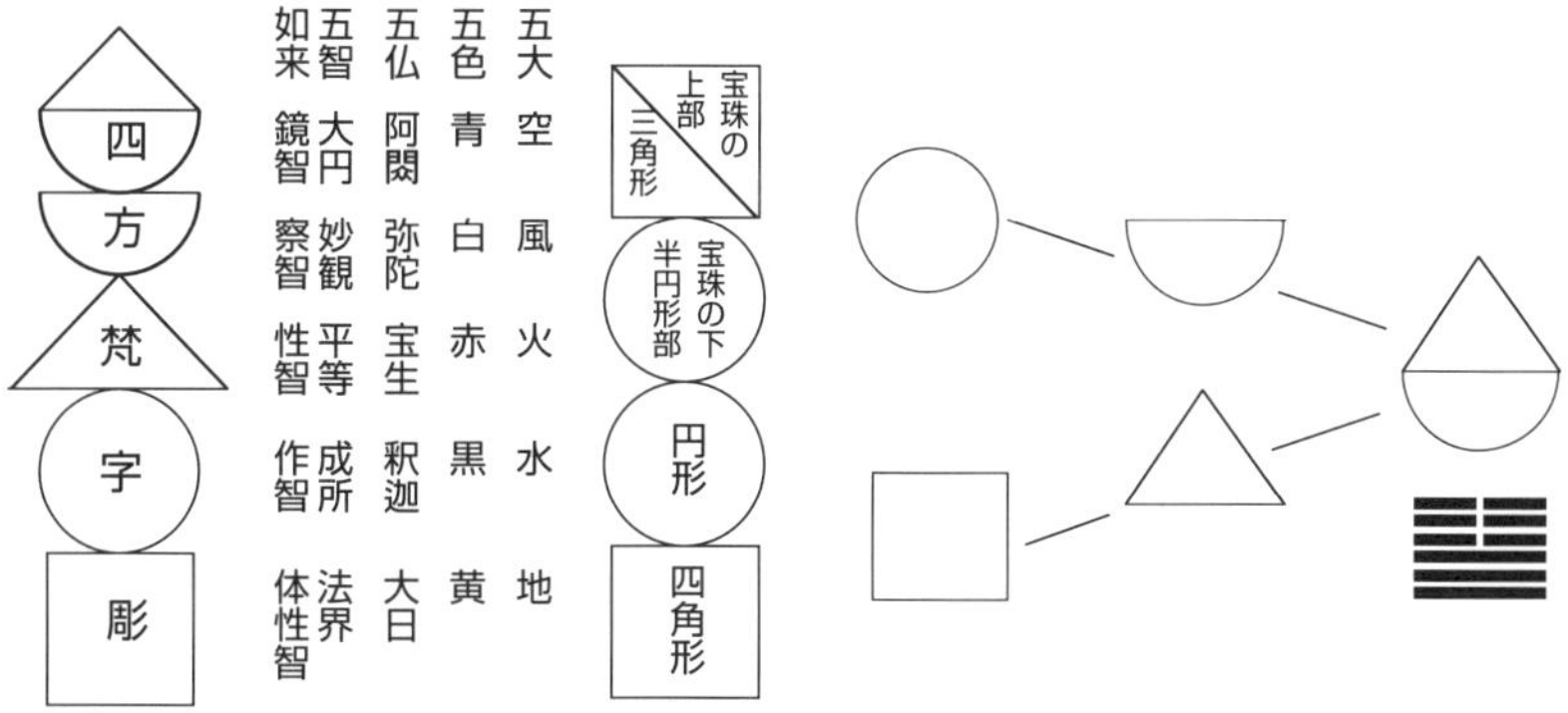

四
方
梵
字
彫
五大　空　風　火　水　地
五色　青　白　赤　黒　黄
五仏　阿閦　弥陀　宝生　釈迦　大日
五智如来　大円鏡智　妙観察智　平等性智　成所作智　法界体性智
宝珠の上部三角形
宝珠の下半円形部
円形
四角形

五輪塔の哲理と発生分解図

五輪塔は、円形と四角形、その変化である半円形と三角形、変化の合体した宝珠形の五つの形から成り立っており、宇宙のすべての生命とその道を示している

を仏教の塔（仏塔）の一つとして考え、その仏教の伝来経路としての朝鮮、中国、チベット、そしてインドにと、五輪塔の原形を探し求めていますが、未だ発見されていません。

この五輪塔は、日本人による天地の生命観と仏教の卒塔婆の教えが一体となって、宇宙のすべての生命とその道を示顕している姿であり、形なのです。

◇

宇宙のすべての生命は、「天」と、「地」と、「天の変化した（天から誕生した）もの」、「地の変化した（地から誕生した）もの」、「天と地の相互の力で生じたもの」の五つに分けられます。

これらを形で表わしますと、天は円形に、地は四角形となります。この四角形が五輪塔の「地輪」で、円形が「水輪」に当たります。地から誕生した生命（地の変化）を表わすには、四角形の変化としての三角形となり、これが「火輪」に当たります。天から誕生した生命（天の

京都の法勝寺跡から出土した軒丸瓦
五輪塔が表わされている

変化）を表わすには、円形の変化としての半円形となり、これが「風輪」に当たります。そして、天と地の相互の力で生まれた生命を表わすには、天の変化（半円形）と、地の変化（三角形）の合体した形である宝珠形（半円形と三角形の合体した形）で表わされ、これが「空輪」となります。

　このことは、法勝寺跡（今の京都市岡崎公園）から出土した軒丸瓦（著者より京都国立博物館に寄贈）に表わされている五輪塔や、厳島《いつくしま》神社の平家納経箱に装飾されている初期の五輪塔の姿を見ればわかります。

　五輪塔は、円形と四角形、その変化である半円形と三角形、変化の合体した宝珠形の五つの形から成り立っているのです。五輪塔の四方は、仏教の教理である四門（発心《ほっしん》門・修行《しゅぎょう》門・菩提《ぼだい》門・涅槃《ねはん》門）を表わしていますので、それぞれにはその門を示す梵字を当てます。

　このように、五輪塔は大宇宙の生命の真髄と仏教の哲理とを完璧に示顕していますから、天地陰陽の法則から割り出された数値と曲線とによって正しく表現されなくてはなりません。

　この場合の天地陰陽の法則とは、古くから伝えられている陰陽五行説に基づく曲尺割《かねわり》の法則のことで、神社仏閣などの古代の建築、仏像彫刻、曼荼羅をはじめとして、歌舞伎や茶の湯の世界に至るまで、根幹となる一つの法則なのです。

◇

五輪塔の各輪は、それぞれに重要な意味を含んでいます。

自然界の万物は、空・風・火・水・地の五大を根本要素として成り立っています。人間も、動物も、植物も、生命のあるものすべてが、その合成によるものです。

私たちが呼吸をしたり、動くことは〝風〟の作用です。体温があることは〝火〟の作用です。血液が流れ、唾液があることは〝水〟の作用です。肉や骨や皮を埋めると土になりますが、これは〝地〟の作用です。そして、そのおのおのは〝空〟になります。こうした五大の合成によって万物は生命を営んでいますが、死滅すれば地・水・火・風のそれぞれに還り、空の世界に移ります。

俗に「四百四病」という言葉がありますが、これは五輪塔の五大から生まれたものです。

人間には骨や肉などの〝地〟の原素を痛める病気が百あり、血液や体液などの〝水〟の原素を病むことが百あり、〝火〟の作用である熱を伴う病気も百あって、体を動かす〝風〟の作用に障害を招く病気が百あると考えます。動けなくなる病気を「中風」と呼ぶのは、このことからなのです。これらを合計しますと四百の病気となり、もとの地・水・火・風の四つを加えて四百四の病気があるということになります。

五大	空	風	火	水	地
五色	青（緑）	黒（紫）	赤	白	黄
五方	東	北	南	西	中央
五季	春	冬	夏	秋	土用
五臓	肝臓	腎臓	心臓	肺臓	脾臓
五行	木	水	火	金	土
五仏	阿閦《あしゅく》如来	不空成就《ふくうじょうじゅ》如来	宝生《ほうしょう》如来	阿弥陀《あみだ》如来	大日《だいにち》如来
五智	大円鏡智《だいえんきょうち》	成所作智《じょうしょさち》	平等性智《びょうどうしょうち》	妙観察智《みょうかんざっち》	法界体性智《ほっかいたいしょうち》

◇

空・風・火・水・地は宇宙自然界の根本原素であるから五大と言い、その集散・離合・輪転によって万物が生ずるのであるから、これを〝五輪〟とも言います。

自然界は、空輪・風輪・火輪・水輪・地輪のそれぞれが正しく和合し調和していますから、季節が訪れ、寒暑がめぐり、昼夜の別があり、万物の生育があるのです。

五輪塔とは、このような天地自然界の真理を表わしたものであり、それ自体が一つの宇宙の姿ともいえる形ですから、天地陰陽の法則にのっとった五輪でなくては、その真理を正しく表わしていることにはなりません。勝手に造形された塔は、自然界の真理を無視し調和を乱していることになりますから、供養塔としては不適当といえます。

宇宙五大を表わすための重要な一つのものに、四方四門に表わされる二十字の梵字があります。これは、宗旨や教派によって変化することはありません。

四門とは、故人の霊魂が仏心を起こして極楽往生をし解脱を得るまでの過程や、人の精神性の向上を示し、その導きとなるものです。墓制の上からも、この四門の梵字は塔の精神として、宇宙五大の真理として尊重されています。参拝者は塔の四門を拝みながら、三度回ることが礼拝の正しい作法です。

大和（奈良県）の当麻寺は中将姫で名高いですが、優雅な丹《に》塗りの東塔と西塔の曲線をながめながら右に曲がり、五百メートルほど行きますと、古くからの墓地があって、今もこの付近の共同墓地になっています。

大和の大麻寺の近くに建てられている五輪塔（藤原時代末期の造立）

この岡の上に、二上山の柔らかい凝《ぎょう》灰岩《かいがん》でつくられた大きな五輪塔が、草の中にどっしりと置かれていて、その四方には四門の梵字が雄大に彫られています。長い間、風雨にさらされているために風化し、形はくずれていますが、力強く胸に迫るものを覚えます。藤原時代末期（約九百年前）の造立と思われる五輪塔です。

五輪塔四門に表示される二十字の梵字

五輪塔の四方には仏教の教理である四門（発心門・修行門・菩提門・涅槃門）を表わしており、それぞれの門を示す梵字を当てる　これは宗派や教派によって変化することはない

各宗派と五輪塔とのつながり

五輪塔というと、真言宗や天台宗の密教《みっきょう》系の仏塔であると普通一般には思われていますが、これはたいへんな誤解です。顕教《けんぎょう》（密教に対して顕教という）の僧侶の中には、そのような誤ったことを説いている人もいます。ここでは、各宗派と五輪塔のつながりを述べましょう。

浄土真宗と五輪塔

浄土真宗は阿弥陀仏の本願による救いを説いているため、仏塔を建てる必要を認めず、五輪塔についての意識が薄く、はなはだしい場合には否定することさえあります。しかし、歴史的に見れば五輪塔とは深いつながりがあって、浄土真宗でも五輪塔による供養が行われていたことがわかります。

宗祖親鸞聖人の父である日野有範の墓は、京都市伏見の法界寺にありますが、ここには五輪塔が建てられています。また、親鸞聖人の妻の恵信尼《えしんに》の墓は新潟県の新井市にあって、これも五輪塔になっています。和歌山県の高野山奥の院には親鸞聖人の墓（供養塔）と伝えられている五輪塔があり、立派に梵字が彫られています。

親鸞聖人の没後、妻恵信尼がその娘の覚信尼に送った手紙の中に、「五重に候ふ塔の七尺に候ふ石の塔をあつらへて候へば」という言葉があります。これは、亡き親鸞聖人の菩提を弔うために五重の塔（五輪塔）をつくるつもりだと言っているわけです。この五輪塔が、前記の恵信尼の墓に建っている塔と考えられる（親鸞の菩提供養として建てた塔に恵信尼が合祀された）ので、親鸞聖人もまた、妻が建てた五輪塔によって手厚い供養を受けたのです。

浄土真宗の門徒であっても五輪塔を建てて少しも差し支えがないどころか、供養の本義としては望ましいことなのです。ちなみに、私は浄土真宗や浄土宗の五輪塔の下には、『阿弥陀経』や「浄土三部経」（『無量寿経《むりようじゆ》』『観無量寿経』『阿弥陀経』）を写経し埋納しています。

一向一揆《いつこういつき》（一向宗は浄土真宗の異称）を描いた古絵図のなかには、旗ざおの先を五輪に刻んだ旗じるしを掲げ、宗徒は背中に五輪塔を描いて「南無阿弥陀仏」の六字名号を書き、敵と戦っている姿が見えます。このときに使われた、善福寺門徒の旗じるしが遺されているのを見ると、大きく五輪塔が染められています。ここには死に直面した人々の、強い極楽浄土への本願が感じられます。千葉県の佐倉市にある「国立歴史民俗博物館」には、その複製が展示されています。

愛知県岡崎市の妙源寺には、室町時代に描かれた『親鸞上人絵伝』が伝わっていますが、その中には、親鸞聖人の墓所として〝足長の五輪塔〟が描かれています。

これらの事柄から考えても、浄土真宗は五輪塔と無縁ではないことがわかります。真宗が仏塔を否定するようになったのは、桃山時代（約四百年前）以降のことです。

日蓮宗の場合には、五輪塔の四方梵字を省いて、お題目の「南無妙法蓮華経」のうちから更に「南無」を除いて「妙法蓮華経」の五文字を彫っていることがありますが、これはたいへんな誤りです。

「南無」とは梵語のナマスのことで、帰命《きみょう》とか敬礼《きょうらい》という意味があり、帰依する仏・菩薩や経文に冠してつけることで、絶対的な信仰を表わす言葉です。そして、この「南無妙法蓮華経」の七文字そのものに意義があるのです。「南無妙法蓮華経」から、「南無」を除いてしまっては、まったくその意味がなくなって、ただの経巻の名称だけになってしまいます。

「南無」の字を欠いた五輪塔
南無妙法蓮華経の七文字を彫るのが正しい

鎌倉の日蓮宗の寺にある加賀の殿様の墓は、江戸時代初期の元和《げんな》三年（一六一七）の銘が刻まれている五輪塔で、正面に「妙法蓮華経」の五文字が彫ってあります。形は天地陰陽の法則から外れているために、調和が見られずによくありません。

◇

仏教はお釈迦さまが説かれたものですが、お釈迦さまが経典を著述したのではありません。説かれた言葉が弟子から弟子へと口誦《くじゅ》で伝わり、経典として初めて文字化されたのは、お釈迦さま滅後百年以上も経ってからでした。やがて「八万四千の法門」といわれる膨大な経典となって今日に伝えられています。

それらの経典の中の何を崇《あが》めるかによって、またはその解釈などによって、多くの宗派や教団に分かれています。もともとはお釈迦さまであり、一つのものなのですが、次第に宗派同士の対立・反目となって、教義とは裏腹の方向を示す場合があります。

しかし、天地自然界の真理には少しも変わるところはありません。これは、人間が現われる以前からずっと続いていることであって、神道でも仏教でも、そのもとは一つであり変わるものではありません。

浄土真宗の五輪塔
南無阿弥陀仏の名号が刻まれている

浄土真宗や日蓮宗の供養塔は足長五輪塔を建てて、足の部分に念仏や題目を彫ることを勧めています。それは、天地陰陽の法則（五輪塔）と信仰（念仏・題目）の立派な合致です。

禅宗では梵字を使うことは稀で、五輪塔の正面に、上から「空」「風」「火」「水」「地」と、五大の漢字を彫刻したものが各地に見られます。

しかし、梵字はたんに五大だけを示すものではなく、深遠な意義があるのです。漢字では四門を表わすことは不可能ですから、この形は真理より遠く離れているもので、供養の意味は何もないことになります。「空」「風」「火」「水」「地」の五大は、宇宙万物の形成元素であって、成仏・解脱と生命の活力への導きとはなりません。

漢字で五大を刻んだ五輪塔
本来は梵字で表わすのが正しい

五輪塔に示されている四方四門の梵字は、次のような意義があります。

人は、この世に生まれ出たときは〝仏心〟に近い心なのですが、次第に「自分が」とか「私が」という〝我《が》〟と〝欲〟が出てきて、迷いと罪障とを重ねる因となって煩悩となり、悪業を生じて成仏・解脱の妨げとなり、苦しみの種となります。

それを修行と修養を積んで昇華し、菩提の境地を経て煩悩を離れ、涅槃の境地に到達することが理想であり、本願となるものです。四方四門の梵字は、この理想境への導きの一つとなるものです。なお禅宗の板卒塔婆《そとば》には、マルが上部に描かれることがありますが、「無」と「空」の意味を持たせた形です。本来は梵字を書くべきもので、正道ではありません。近年になって、曹洞宗でも梵字に関する講義が開かれていることは、日本の宗教の発展のために結構なことと思います。

真言宗と五輪塔

和歌山県の高野山には、江戸時代の各大名たちの大きな五輪塔がたくさん建てられています。その中でもひときわ大きいのは、二代将軍徳川秀忠《ひでただ》公の奥方のために駿河大納言《するがだいなごん》忠長が建てた五輪塔です。高さが三丈（九・一メートル）、台石は八畳敷きもあります。この巨石を標高千メートルもある山の上に、どのような方法で運び上げたものか、さだめし心血を注いだ大工事であったと思われます。

高さが九メートル余もある五輪塔
梵字は堂々と太い薬研彫りで刻まれている
（高野山）

地輪の後方には、工事奉行の名と並べて「梵漢筆者　大聖院長盛」と刻まれています。江戸時代初期につくられたものですが、鎌倉時代様式の遺風が感じられます。気品のある姿で、梵字は堂々と太い薬研《やげん》彫りで彫られている立派な供養塔です。古様式の五輪塔では最大と言われる京都の石清水《いわしみず》八幡宮の五輪塔（高さ二丈）と好一対をなすものです。

駿河大納言忠長は将軍秀忠の第三子、三代将軍家光と同母弟の徳川忠長で、その言行が粗暴なために幽閉され、寛永九年（一六三二）に二十七歳で自殺したと伝えられています。この五輪塔は寛永四年九月十五日の造立ですから、二十二歳の年に当たります。この若さで日本最大の石塔の建立を発願する心境は、どのあたりにあったのでしょうか。

◇

高野山への登山口は、昔は七つありました。その中でも、代表的な表参道ともいうべき道は、高野街道西口になります。JR和歌山線「高野口」駅の近くにある慈尊院から高野山の大門に至る道で、この道は紀ノ川を見下ろし、「町石《ちょうせき》道」とも呼ばれています。

高野山の町石
登り道には、一町ごとに高さ一丈一尺の足長五輪塔が建っている

そのわけは、慈尊院から奥の院までの一町ごとに、高さ一丈一尺の「町石《ちょうせき》」と呼ばれる足の長い五輪塔が建っているからです。この町石は慈尊院から大塔までに百八十基、大塔から奥の院まで三

十七基が建てられています。百八十という数は胎蔵界《たいぞうかい》の仏の種子（梵字）の数、三十七という数は金剛界《こんごうかい》（すべての仏・菩薩は大日如来の応化した姿であると説き、煩悩を打ち砕く知徳を表わす法門）の仏の種子の数を表わしています。

白河上皇は何度か高野山に参拝されましたが、一町を登られるたびに、町石に向かって合掌され、真言を唱えられたと言われています。町石はたんに〝道しるべ〟としてではなく、五輪や梵字が刻まれていて、仏・菩薩を表わしているからです。

足長五輪塔は町石としてだけでなく、『親鸞上人絵伝』や『一遍上人絵伝』などに見られるように、墓塔・供養塔としても建てられました。別の項で述べますが、墓地が狭い場合には、足長五輪塔を建てて供養することが望ましいのです。

◇

五輪の哲理や、梵字の秘奥を記した『五輪九字明秘密釈《ごりんくじみようひみつしやく》』、別名を『頓悟往生秘観《とんごおうじようひかん》』（極楽へ行く早道という意味）という書物があります。牡丹の花が美しい真言宗豊山《ぶざん》派の総本山、大和の長谷《はせ》寺の開祖である興教大師覚鑁《かくばん》が遺した貴重な研究書です。

「五輪九字」の意味は、五輪塔の五輪と、阿弥陀如来の真言（陀羅尼《だらに》）の九つの梵字を指していいます。また、五輪の五と、阿弥陀如来の真言の九字を合わせると、十四となることから、これを〝二七《にしち》の曼荼羅《まんだら》〟と名づけています。「極楽浄土へは五輪塔と阿弥陀如来の導きによる」との意味なのでしょう。

真理を無視した五輪塔の例

五輪塔でさえあれば供養になるというものではなく、真理に基づき、哲理に則した五輪塔でなくては、その本願を成就することはできません。

さらに、五輪塔を建てることは形の上だけでの完成であって、真の供養はそこから始まるのです。

◇

戒名を刻んだり遺骨を納めた五輪塔

大事業家であり、古美術の方面にも造詣が深かった某氏の墓所に建てられた五輪塔です。五輪塔は、胎蔵界の大日如来の三摩耶形《さんまやぎょう》（仏・菩薩の内証の本誓を表わすもの）ですから、蓮華台にのせたのはよいのですが、肝心の梵字が彫られていま

梵字の彫られていない五輪塔
地輪に故人の戒名が刻まれていて、凶相となっている

せん。しかも、地輪に故人の戒名が刻まれているのはよくありません。

これを見ますと、某氏の遺骨を埋納した墓塔であることがわかりますが、俗人の遺骨をそのまま大日如来の三摩耶形に納めることは、信仰の誤りから生じた不遜な形です。

左方に半面肉彫りの四仏の石像があって、「延慶《えんぎょう》三年」(一三一〇)と刻まれているのが判読できます。墓地にこのような古い石仏、石像、灯籠などを建てることは、凶相となりますので慎んでください。

そもそも石仏や石像を刻むのは、特定の人の供養のために発願されたものですから、それを安易に借り受けて建てることは、供養にはならないばかりか、発願者の念いを踏みにじることにもなります。これは庭に古い石塔などを飾りとして置く場合にも言えることですから、十分に注意する必要があります。

金剛界と胎蔵界を混同した五輪塔
塔身には梵字が彫られていない

◇

高野山の奥の院に近いところに、広い立派な墓地がありますが、先ほどの方の墓所があります。蔦《つた》が絡みついている古い杉の木立を背景とし、金剛界の大日如来の半面肉彫りの像を真ん中にして、左右に家族の墓塔が並んでいます。

この中の一つが翁の塔で、形は五輪塔に相輪《そうりん》を組み合わせたものです。五輪塔は胎蔵界の表示であり、相輪は金剛界の表示ですから、いかに金胎不二《こんたいふに》（金剛界と胎蔵界は、そのもとが一つという理法）とはいっても、真理を無視して両者を混合してはいけません。そのために無理が生じて、笠石などの調和も悪く、さらに塔身には梵字が一つもありません。

東京都下の霊園と高野山との二カ所にこの家の墓所があることは、分骨を納めてあるのでしょう。この家に限らず、高野山やその他の本山に分骨を納めて墓塔を建てることがよくあります。

◇

分骨は、本来は望ましいことではありません。関西には、信者から納められた分骨を集めて観音像をつくって祀る寺がありますが、供養成仏の意味を明らかに間違えています。遺骨がなくても、供養塔を正しく建てることによって、霊魂の供養を修することができます。礼拝供養の対象は遺骨ではなく、霊魂であるからです。

分骨をする場合には、遺髪とか爪にするべきであって、骨そのものはいけません。亡骸《なきがら》を火葬したために、遺骨をたんなる物質として見てしまうから、このような誤りが生じるので、土葬が火葬となって形が変わっても、遺体であることには変わりがありません。土葬の場合を考えてみればわかりますが、遺体から直接に骨（喉仏《のどぼとけ》など）を取り出すようなことはしないはずです。

いま一度、分骨について考え直す必要があります。

梵字が彫られていない五輪塔

五輪塔の四門には、それぞれの梵字を彫らなくてはいけないのですが、古い五輪塔の一部に梵字がないことを理由に、「梵字は不要である」という説を唱える人がいます。これは宗教儀礼に対する認識不足による間違った解釈です。

これは永年の日照や風雨のため当初の墨が消えてしまい、梵字がないように見えるのです。その一つの証拠には、鎌倉の国宝館に墨がまだ消えずに残っている五輪塔があります。近年、銭洗《ぜにあらい》弁天のやぐらから発掘され、保存されているもので、鎌倉時代の武将の墓塔と思われます。

塔を建てたら、必ず開眼《かいげん》式（入魂式）を行わなくてはなりません。そのとき、正式には導師である僧侶が、墨で五輪塔に梵字を書きます。今でも丁寧な僧侶は、墓石の開眼供養のときには筆を用意していて、石塔の頭部に墨を打っています。

◇

間違った梵字が彫られた五輪塔
金剛界と胎蔵界も混同している

梵字を彫るといっても、間違った梵字を彫っては意味がありません。

この墓は、五輪塔の水輪にただ一字「タラク」という虚空蔵《こくうぞう》菩薩か宝生《ほうしょう》仏を表わす梵字を彫ったつもりでしょうが、残念なことに字が少し違っています。また、これは金剛界の梵字ですから、胎蔵界の表示である五輪塔に彫るのは真理に当てはまりません。これでは仏・菩薩には通じませんし、祖霊の成仏・解脱の導きとはなりません。

梵字（種子）の誤りがひどいのは、近年の層塔に見られます。造園が一つの流行となって、石塔などを庭に飾る家が多いためか、造園業者の店頭に層塔が並べてありますが、塔身に彫られている四方仏の種子の大多数が誤っています。中には、梵字とも何ともわからない、ひどいものもあります。

これらは供養とは無関係に建てられるものですから、梵字などはどうでもいいのかもしれませんが、あまりにも無責任ではないでしょうか。

層塔のすぐれたものは数多く遺されていますが、有名なものの一つに、国の重要文化財に指定されている、奈良の般若寺《はんにゃじ》の十三重の層塔があります。建長五年（一二五三）の銘がある鎌倉時代の石塔で、第一・第四・第七・第十の各層に経巻や金銅仏が納入されていました。高さは一二・六メートルもある大きなものです。

奈良・般若寺の層塔（重要文化財）

調和のない五輪塔

この五輪塔は、筆で書いた梵字を四方に彫ってありますが、天地陰陽の法則を知らないで建てたために、各輪の調和が失われて、不合理な生命のない五輪塔となっています。

土盛りをして芝生を植えてありますから、生気の循環は保たれてはいますが、塔が真理に合っていないために、横に彫られた真言による供養も薄く、家庭における家族間の和合の乏しいことを物語っています。

◇

この五輪塔は、正面にだけ梵字を彫ったもので、発心門だけがあって、ほかの門の表示がありませんから、祖霊を成仏道に導くことも、自己の修養の道を得ることもできません。

横に建てられている墓石には、夫婦の戒名が彫られていますが、これには、この二人の遺骨は納められますが、ほかの人の遺骨を納めることはできません。

各輪の調和が失われて、生命のない五輪塔となっている

正面だけに梵字が彫られていて、四門を欠いてる

長谷寺にある五輪塔　梵字が彫られていないものも見られる

四十九院には梵字があるが、肝心の五輪塔には梵字が彫られていない

◇

真言宗豊山派の総本山である長谷寺に、歴代の管長ばかりを埋葬した墓地があって、多くの五輪塔が建てられていますが、近世になると梵字が彫られなくなり、形も哲理や真理を無視して崩れてきています。

また、高野山真言宗の総本山、金剛峯寺《こんごうぶじ》の奥の院にある墓地には、数多くの五輪塔が建てられています。古いものには正しく梵字が刻まれているのですが、近世になるにつれて乱れ、形も正確さを欠いてきています。ここにある公園墓地には、近年、たくさんの塔が建てられていますが、やはりその大多数は哲理や真理を無視しています。宗祖弘法大師は、どのように見ておられるのでしょう。

たんなる美術造形となっている五輪塔

ある特殊飲料水の発明家の祖霊供養の五輪塔ですが、塔の正面には「南無阿弥陀仏」と梵字で彫り、周囲に板碑型の石をめぐらし、四十九院の梵字が彫られています。

わが国の仏塔研究の第一人者である、さる博士の考証による墓所で、周囲に四十九院（四十九日までの毎日に塔婆を一つずつ建てて成仏の導きとする）をめぐらしてあります。

しかし四十九院には梵字が彫ってあるのに、肝心の五輪塔に梵字が彫られていません。形も古い五輪塔を写したものと見えますが、足長にしたため、天地陰陽の調和と和合が図られていません。古い時代の五輪塔のすべてが、その法則にかなっているとは言えませんから、模写すればよいというものではありません。宗教真理に合致しなくては、真の供養塔とはなりません。

正しく遺され伝えられている四十九院の形（高野山）

◇

四十九院の本願とは、人が死んで次の生を受けるまでの七七日《しちしちにち》（四十九日）の間に、毎日供養を行い、仏・菩薩の導きによって苦界から救い、成仏・解脱の道を得させることです。

四十九日の追善供養とは、亡者《もうじゃ》の身に打たれた四十九本の釘を抜くものと、中世以後では信じられています。『無縁慈悲集』とか『地蔵十王経撰註』などに、その説が見えます。

四十九院の形が正しく遺され伝えられている姿を、高野山に多く見ることができます。

東京都下の西多摩の奥に「人里《へんぼり》」というところがあって、

四十九本の板塔婆が供えられた
四十九院（西多摩）

浅草・玉姫神社の御輿

そこに建長寺の末寺があります。そこを訪れたときに、思いがけなく四十九院の木の卒塔婆を見ました。上に天蓋《てんがい》（棺《かん》の上にかける蓋《ふた》）がある輿《こし》の周囲に、四十九本の板塔婆が供えられ、一つ一つには梵字の代わりに院号が書かれてあって、鳥居の形をした門が四方に設けられていました。

この鳥居のある四十九院の輿を見ていると、よく似た形が思い浮かびます。神社の祭礼に、屋根の上に黄金の鳳凰《ほうおう》がのせられ、四隅の蕨手《わらびて》にも金色のまばゆい鳥が飾られている御輿《みこし》がそれです。

白鳥になって空を飛んだヤマトタケルの神話に見られるように、鳥は人間の霊魂を運ぶと言われる〃神霊化鳥説〃があります。御輿に赤や紫の太い綱を巻きつけて装飾にしてあるのは、葬礼の際に棺から木綿の布を垂らして、肉親の人々が引っ張る「紼《ふつ》（ひつぎつな）」と同じ意味です。

御輿の原始的な形を伝えているのは、秩父神社に遺されている御輿です。簡素な形をしていて、屋根には鳳凰ではなく宝珠の玉が飾られています。

墓地の隅に建てた五輪塔

祖霊を祀る供養塔は、墓地の最高の位置に当たる真ん中に建てるのが、最も正しい形です。ところが、墓地の向かって右の隅に、五輪塔が建てられているのをよく見かけます。それはこの場所がものの始まりであって、最上の位置だという誤解によるものと考えられます。

五輪塔は四方の四門に、それぞれの重要な意義と哲理が含まれていますから、隅に建てることは、故意に三方をふさいでしまって、哲理や真理を滅却することになります。供養塔を隅に建てると、主人が早死にする相となったり、二代目以後が振るわない家運の衰退を暗示する相となります。

三方をふさいで凶相となっている五輪塔

しかも、この五輪塔は、形も調和を欠いている上に、地輪には戒名などを刻んで塔身を汚しています。戒名や没年月日などは、塔身に刻んではいけません。別に墓碑を設けるべきです。踏み石は中央に敷いてありますから、中心線を認識しているようですが、これでは、供養塔がその意義を持たされていません。

◇

供養塔を中心に建てる意義について、たとえば、天皇の即位の礼、賢所《かしこどころ》大前の儀のあとに行われる大嘗祭《だいじょうさい》（天皇が即位後、

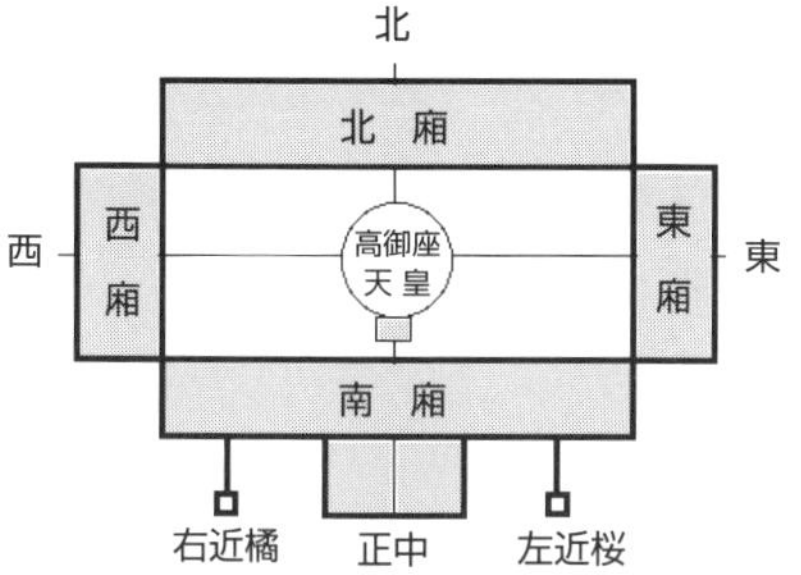

天皇の即位の礼に見られるように、中心が最も優れた位置である

その年の新穀をもって天神地祇を祭る儀礼）を見てみましょう。

紫宸殿《ししんでん》（大内裏の正殿。大礼を行うところで、南向きなので南殿ともいう）に据えられる高御《たかみ》座《くら》（即位などの儀式に天皇が座られる玉座）は、紫宸殿の東西を結ぶ線と、南北を結ぶ正中線《せいちゅうせん》の交わる絶対的な中央の位置に置かれ、天皇が南向きに座られます。「君は南面、臣は北面」という言葉が生まれ、同時に、御所の北側にあって、これを守護する〝北面の武士〟の名称ができました。

宮中儀礼の例を挙げるまでもなく、中央が最も高い位置であることは、疑いのない真理です。祖霊を成仏・解脱に導き、家運の繁栄と長久を守護し、家の根本である供養塔を墓地の中央に建てるのは、この真理によるものです。中央に建てるのが難しいときは、正中線（中心線）の上に建てても、真理にはずれることにはなりません。

日本では、対象が一つの場合には真ん中が絶対的な主座となり、相対的な二つの場合は正中線をはさんで向かって右が上位、左が下位となります。

その左右、上下の区別は方位が基準になって決められています。「左」は「日《ひ》垂《た》り」であって、太陽の光が射す陽位の東方を指し、日の光が一面に垂れる陽方の意味を示し、「右」は「見《み》限《ぎ》り」であって、太陽の沈んで見えなくなる陰位の西方を示します。

南面すれば、東方が上位、西方が下位となり、向かって言えば右が上位、左が下位となります。「左言《さごん》（いつわり）」「左遷《させん》（官職を落とされること）」「左道《さどう》（正しくない道）」などは、中国からきた言葉で、向かって左の陰位を表わしています。

また、月の満ち欠けをよく観察すれば、上位と下位、陽位と陰位の理がわかります。

◇

明治以来、わが国の皇室の制度は英国にならったので、天皇・皇后両陛下のお立ちになる位置は、天皇が向かって左、皇后が向かって右の欧米流になっています。洋装のときは欧米の習慣に従われるのも結構ですが、衣冠《いかん》（略式の礼服）束帯《そくたい》（正装の礼服）の場合は、古来の正しい位置にお着きいただかねばなりません。

最近の雛人形の飾り方も、男雛と女雛の位置が逆になっているのが多く見られます。これは明治時代までは、日本古来の形式で行われていましたが、昭和の初めになって東京の業者組合が相談して、欧米流の現在の形に改めたものです。しかし、中央とか右や左という位置には、それぞれ深い意義が含まれていて、古くから受け継がれているのですから、たんに思いつきだけで変えてしまうのは、たいへんに危険なことです。各家庭では、是非、お雛さまの男雛は向かって右に、女雛は向かって左に正しく飾っていただきたいものです。

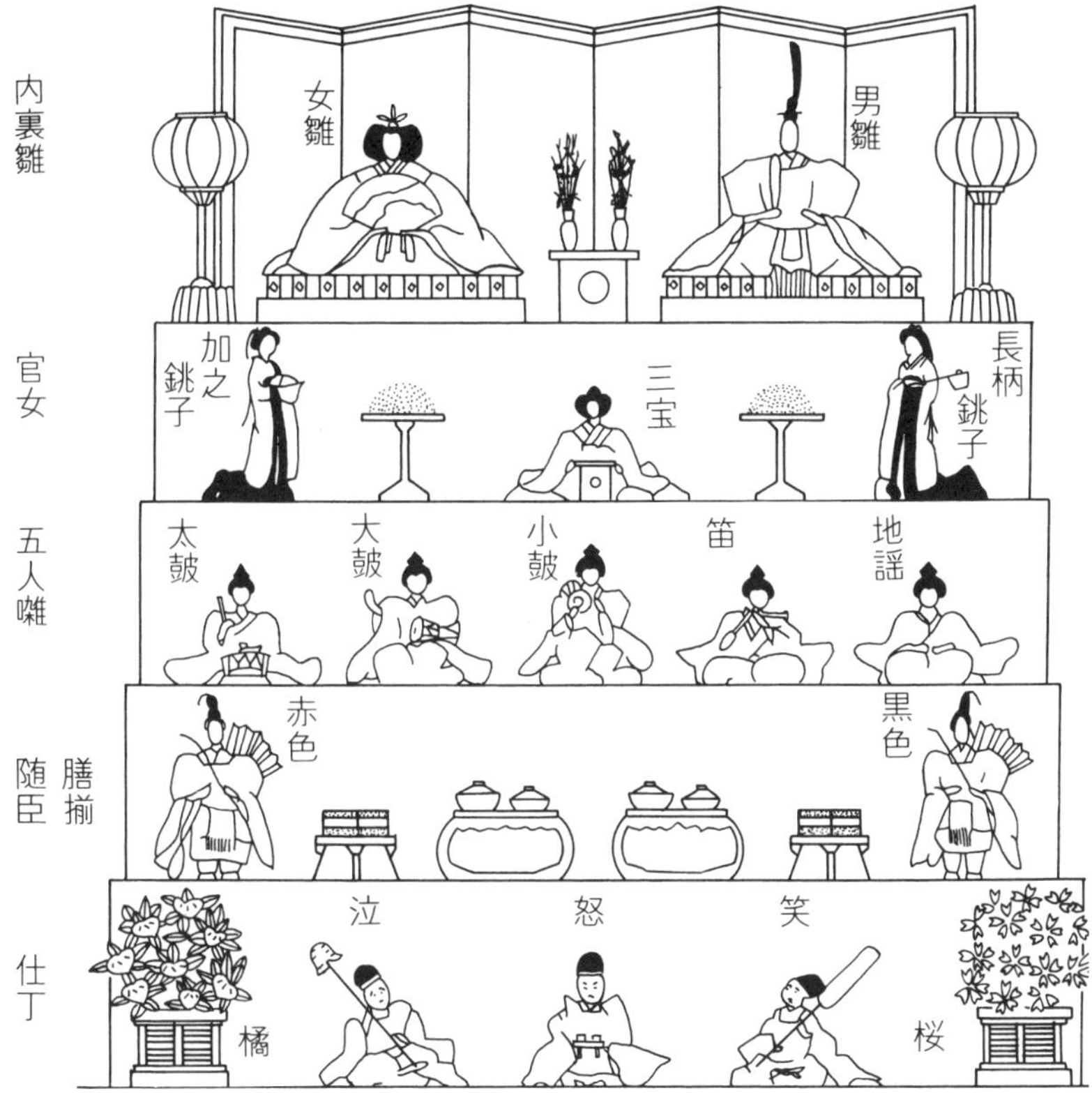

雛人形の正しい飾り方

男雛は向かって右、女雛は向かって左が正しい位置である　南面すれば、右の東方は太陽の光の射す陽位で、左は太陽の沈む陰位になる

正しい墓の姿と葬礼

両墓制――遺体を葬った墓と霊を祀る墓

京都の三大祭と呼ばれる一つに、七月の「祇園祭《ぎおんまつり》」があります。この祭は七月一日の「吉符入《きっぷいり》」から二十九日の「神事済奉告祭」までの一カ月にわたって執り行われますが、その頂点をなすものは、言うまでもなく十七日の「山鉾巡行《やまぼこ》」と、その前夜の「宵山《よいやま》」です。七基の「鉾」と二十数基の「山」が、京都の目抜き通りを祇園囃にのって巡行する有名な行事です。

古くから山は神南備《かむなび》（神を祭る森）の対象であって、神霊の住むところとして崇められています。山を御神体（神体山）としている神社は数多く、同じ京都の三大祭の一つである「葵祭《あおいまつり》」で名高い賀茂別雷《かもわけいかずち》神社や、大和の大神《おおみわ》（三輪）神社などがその好例です。

やがて山を人工的につくり、自由に持ち運びができる形にして、そこに神霊を招請し、祀るようにもなりました。その一つの例が、祇園祭の「山」です。「鉾《ほこ》」は、悪魔とか邪気を打ち砕く武器を表わします。

祇園祭の「山」の起源は、各家庭に祀ってあった「山」を集めて、町内で一つに合わせ祀り、それを御旅所《おたびしょ》にまで曳《ひ》いていったものです。各家庭の「山」に祀られていた神霊とは、家を護る祖霊であり、産土神であり、山の神でした。ですから、祇園祭は大きな祖霊の祭とも言えます。

◇

『万葉集』には、多くの挽歌《ばんか》（死者をいたむ歌）があります。

柿本朝臣人麿《かきのもとあそんひとまろ》が、妻の死《みまか》りし後、泣血哀慟して作る歌として、

秋山の　黄葉《もみじ》を茂み　迷ひぬる　妹《いも》を求めむ　山路《やまじ》知らずも　（巻二・二〇八歌）

大津皇子《おおつのみこ》の遺骸を葛城《かづらき》の二上山《ふたかみやま》に移葬した時、大来皇女《おおくのひめみこ》（皇子と同腹の姉）が悲しんで作られた御歌として、

うつそみの　人にあるわれや　明日よりは　二上山を　弟世《いろせ》とわが見む　（巻二・一六五歌）

作者不詳の歌として、

玉梓《たまづさ》の　妹《いも》は玉かも　あしひきの　清き山辺に　蒔《ま》けば散りぬる　（巻七・一四一五歌）

これらの歌は、遺体を山の中に埋葬したり風葬したことを詠んでいます。

古くは、遺体を人里から遠く離れた高い山の中などに埋葬したり、風葬にしました。このことが、民俗学でいう「山中他界《さんちゅうたかい》の観念」となって、祖霊は山に在り、山の神となって降りて来ると信じられました。今でも墓を〝ヤマ〟と言い、墓をつくることを〝ヤマツクリ〟や〝ヤマシゴト〟と呼び、墓掘りの役を〝ヤマシ〟とか、遺体を入れる桶を〝ヤマオケ〟と呼ぶ地方があります。

「山」とは墓所であり、祖霊を祭祀する場所を指します。家庭で祖霊を祀るために小さな「山」をつくって、祖霊神である山の神を招請して祀ったことが、祇園祭の「山」の原形であり、「山車《だし》」の起源の一つでもあり、そこにいろいろな信仰が重なりました。

遺体を山に葬ったあと、人々は霊を祀る場所として、人里に近い場所か寺の境内に、もう一つの墓をつくりました。これは仏教に限らず神道でも同様であって、遺体を埋葬したところは短期間で棄てられ、礼拝供養は人里に近い別の墓で行われました。

遺体を葬ったところを「埋《い》け墓」と呼び、人里にある墓を「参《まい》り墓」（詣り墓）と呼びます。このように墓を二重に設けることを「両墓制《りょうぼせい》」と呼んでいます。つまり、遺体を葬った（自然に還す）墓と、霊を祀る墓との二つの墓がつくられたのです。

◇

奈良盆地の周囲の山間部には、最近でも典型的な両墓制が遺っていました。

生駒山の紫峰がそびえている生駒町小明《こみょう》の墓地は、村の南に五百メートルばかり離れた山の中にあって、埋け墓と参り墓の二つに分けられていました。

墓の呼び名は土地によって異なり、埋け墓を「オオバカ」「ステバカ」(奈良市横井)、「ハカ」「ハカチ」「ミハカ」(東山中一帯)、「ハカショ」「ハカバ」(初瀬谷)、「サンマイ」(旧四郷村狭戸)、「ボチ」(曾爾村)などと呼んでいます。

また、参り墓を「コハカ」(奈良市横井)、「ダントバ」(香芝町狐井)、「ジゾウバカ」(旧波多野村)、「タッチョバカ」(天理市萱原)、「タッチャバ」(天理市福住)、「トリハカ」「キヨハカ」「キヨバカ」「セキトバカ」「ヒキハカ」(吉野郡)、「ブッショウ」(旧四郷村狭井)、「ラントバ」(曾爾村)などと呼び、多くは寺の境内に祀られています。

関東では、千葉県の奥にある両墓制の埋け墓を「大ナント」、参り墓を「小ナント」「内ナント」と呼んでいます。しかし、最近は呼び名だけが残っていて、次第に混同された単墓制になってきています。「ナント」とは卵塔婆《らんとうば》の訛ったもので、卵塔婆とは墓地の意味です。

◇

生駒の埋け墓には、鳥獣から遺体を守るために、竹に左ないの縄を巻いた円錐形の簀《す》を作り、周囲に〝ねんばり竹〟という簡単な垣をこしらえて墓前に膳を置き、墓標を建てて位牌や紙花《しか》、飯碗、樒《しきみ》などが供えてあります。

樒は、その独特の臭いによって、鳥獣を防ぐ効果があります。現在でも、樒の供えてある墓には、鳥などの鳥が寄ってこないことでもわかります。また、墓には樒しか供えない地方もありま

生駒の埋け墓
鳥獣から遺体を守るため垣が作られている

す。私はいつぞや四国の西条市に行ったとき、知人の墓参をするために生花を求めたところ、樒だけしかくれなかった経験があります。

この埋け墓の形は、奈良時代の高僧行基《ぎょうき》が考案した「伏せ三昧《ざんまい》」、略して「三昧《さんまい》」の遺法と伝えられていますが、実際には仏教渡来以前のわが国古代の風俗信仰である原始神道によって生まれた形です。

◇

新田義貞《にったよしさだ》の鎌倉攻めの舞台として有名な稲村《いなむら》ヶ崎から、切り通しを奥に行きますと、鎌倉期の代表的な五輪塔の一つである忍性の五輪塔がある極楽寺に出ます。昔は栄えていた大寺の一つでしたが、今は往古を偲《しの》ぶこともできません。

寺の門前の小高い丘に共同墓地があって、すでに単墓制になってはいますが、墓石を建てるまでの埋葬地に三昧場《さんまいば》が見られました。細い竹の簀《す》や、巻かれた縄はほんの形式だけになっていましたが、遺風が伝えられていました。

◇

大和（奈良県）当麻《たいま》寺付近の共同墓地には、太い一本の竹を割って土に差し込み、細い縄をたくさん巻きつけてあって、墓前には竹で作った花立と線香立があるだけで、野位牌も紙花も見当たりませんでした。

◇

遺骨を納めて墓石を建ててあるだけの近年の墓の形は、遺体の埋葬地としての「埋け墓」の意味であって、霊魂（祖霊）を供養祭祀することにはなりません。「参り墓」の性格がまったく失われているからです。

正しい墓の姿とは、「埋け墓」と「参り墓」が整っていなくてはなりません。特に、霊魂の供養祭祀を目的とする「参り墓」が欠けていては、完全な祖霊の祀りを進めることができず、祖霊は祀られる憑《よ》り代《しろ》（霊が憑《よ》りつくもの）がないために、宙に迷っていなくてはなりません。

それゆえ、祖霊を祀るために「参り墓」としての供養塔が必要なのです。

先に説明したように、供養塔は五輪塔に尽きます。つまり、遺骨を納めた埋け墓である「墓石」と、祖霊供養のための参り墓である「五輪塔」を建てることが最も正しい墓の形であって、祖霊成仏の導きであり基礎となるものです。

葬礼とは霊魂の祭祀

わが国の最も古い書物である記紀《きき》（『古事記』と『日本書紀』）には、高天原《たかまのはら》の神の命を受けて大国主神《おおくにぬし》のところへ使いに行った天若日子《あめのわかひこ》が、思いがけないことで死んだ神話が載っています。その葬送の場面には、それぞれに役目を帯びている人間を、それに似た行為をする鳥になぞらえて、おもしろく語られています。

たとえば、鷺《さぎ》を喪屋《もや》を掃除する箒持《ははきもち》に、翠鳥《そにどり》は死者に食事を供える御食人《みけびと》に、雀は米をつく碓女《うすめ》、雉《きじ》を葬式のときに泣く哭女《なきめ》にしました。ここに、古代の葬礼の風俗習慣をうかがうことができます。

◇

息を引き取ると、すぐに近親者の手で、遺体を仏壇の前に北枕または西枕に寝かせます。

これを「枕返し」と呼びます。新ぼとけとされて、枕元には枕飯、樒《しきみ》の一本花、一本ろうそく、一本線香などが供えられ、「死に水」といって茶碗に水を入れ、布の小切れとか半紙を小さく折ったものが添えられます。親類縁者は「末期《まつご》の水」といって、死者の唇に水を湿します。そして「願戻《がん》し」といって、扇子の要をはずしたものを屋根に上げます。これは死者が生前に、どこかの神仏に願をかけていたかもしれないために、その一切の願を解消する意味があります。

神棚の前には半紙を貼り、菩提寺の僧侶が「枕経《まくらぎょう》」をあげて、葬儀の用意を始めます。

このときに死者の霊魂は、遺体から抜け出すものと考えられ、遺体の枕元か胸の上に刀剣、あるいは剃刀《かみそり》などを置きます。遺体を悪霊から護り、霊魂の抜け去ったあとの遺体に、悪霊の入り込むのを防ごうとするためです。

枕飯は屋外に臨時のかまどを設け、鍋を吊り下げて炊くといったように、死人の食物は別の火で炊くのが一般の風習になっていました。これは、枕飯は忌《いみ》のかかった飯ですから、他人はもちろん、家人でも同じ火で炊いた不浄の食物は食べないとする意図です。しかし、これを食べると癇《かん》の虫（癇癪《かんしゃく》）が起こらないという俗信から、子どもたちに食べさせる地方もあります（大和地方などに多い）。

◇

ところで〝死〟を不浄と考える根底には、「しぬ」の語源があります。「しぬ」とは、『万葉集』やその他にある「しぬぶ（人を恋慕したりする意）」という語と同じ語源である「しぬ」です。

例として『万葉集』にある柿本朝臣人麿《かきのもとあそんひとまろ》の歌が挙げられます。

淡海《おうみ》の海《み》　夕波千鳥　汝《な》が鳴けば　情《こころ》もしぬに　古《いにしへ》思ほゆ　（巻三・二六六歌）

ここにある「しぬ」は「萎《し》ぬ」の意味で、心がくたくたになって疲れていることを表わしています。元気がなく、生気のない状態を示すことばであって、肉体もまたひどく弱って、魂を受けていられなくなった状態を「しぬ」といいました。そのように生気がなく、傷んだ肉体を不浄として忌みきらったのです。

葬列の風習
遺族が持っているのは、故人が使っていた碗に飯を山盛りにして供えた膳と位牌、遺影

死者が生前に使っていた飯碗に、飯を山盛りにして供えるのを「枕飯」、米の粉を水でこねて玉にして供えるのを「枕団子」と言います。葬列には、これらを膳にのせたものを加えます。奈良県天理市など大和地方では、これを「弁当持ち」と呼んでいます。

神奈川県相模地方では、棺を埋葬するとすぐに枕飯と枕団子、紙の幡《はた》をちぎって一緒に埋めてしまうので、膳の上の飯碗も空《から》で、後ろに六角塔婆と野位牌、紙花が左右に一対立っているだけです。これとは別に、千葉地方のように枕飯に箸が突き刺されたままの姿で、墓前に残されているところもあります。

『万葉集』に、天智天皇がご病気で、ご危篤になられた時、大后《おおきさき》が奉った御歌として、

青旗《あをはた》の　木幡《こはた》の上を　かよふとは　目には見れども　直《ただ》に逢はぬかも　（巻二・一四八歌）

とあるのは、葬礼のときに青や白などの色とりどりの幡《はた》が立ち並んでいる様子を詠んだもので、

六角塔婆と野位牌
紙花が立っている

喪屋が安置され幡が立てられるなど
古代の葬礼の形を伝えている

今でも四つの幡が葬列の先頭に立てられるのは、奈良時代から少しも変わっていません。幡は葬地に立てて残されます。

かつて霊峰富士の山麓に共同墓地があって、そこは神道の家が大多数を占めていました。柩《ひつぎ》を埋葬したところを少し高く盛り、「喪屋《もや》」が安置され、幡が四本立てられて、その他の葬具も残されていて、形式だけではありますが、古代の葬礼の形が伝えられていました。

◇

地方で今も行われている〝野辺《のべ》の送り〟の姿は、ただ遺体を処理するだけのものではなく、明らかに霊魂の祭祀という意味も含まれています。

遺体を埋葬する場所が「墓」であり、霊魂の憑《よ》り代《しろ》が「位牌」です。

野辺の送りのとき、位牌を持つのは相続人の役目となっているのが普通で、誰が死者の相続人となったかを、近隣に知らせる機会にもなっています。この意味から、後継者を「位牌持ち」と呼ぶ地方があることは、民俗学の上からも知られています。膳はその嫁が、次男は遺影を持つと一般的に定められていることは、家庭内における地位や立場が明確に表わされています。

紙花《しか》（しか花というのは重複した言い方）は若松とか雪柳とも呼ばれ、一般には大根を輪切りにしたものか、または丸い煎餅《せんべい》を竹に挟んで立てたもので、どちらも霊木を象ったものですから、位牌に次ぐ重要な葬具として必ず作られています。

提灯《ちょうちん》・灯籠《とうろう》・幡《はた》などを作る「道具ごしらえ」は、いずれも慣習に通じ、熟練している老人の役目になっているのが、地方の農家の風習です。

沖縄に見られる古代葬法

沖縄の葬風である「翌日見《アイチャミー》」によって、日本の古代葬法をうかがうことができます。

沖縄では墓地を「後生山《ぐしょう》」といって、ここに新しく喪屋を建てて、この中に棺を安置したり、棺の三分の二を土に埋め、遺族や縁者は毎晩のように墓地に出向いて故人を偲び、ことに若い男女が死んだときには、大勢で出向いて庭燎《にわび》や篝火《かがりび》を焚いて、棺の蓋を取って死者の顔をのぞいて見る風習があり、これを「翌日見《アイチャミー》」と呼んでいました。

それから焼酎の泡盛《あわもり》を酌み交わしながら、死者の口にも注いで、日本の三味線の祖型と言われる蛇皮線《じゃびせん》を弾きながら、歌ったり踊ったりして葬宴が繰り広げられました。

◇古代日本では、柩を安置するために「殯《もがり》」を設け、それと別のところに「喪屋《もや》」をつくって、遺族はそこで一定の期間を過ごしました。また喪屋は、遺族が哭《な》き悲しむ場所でもありました。死者に対して食事を供え、縁者が歌舞哭泣《こくきゅう》することが「モガリ」の内容でした。これは現在でも通夜として伝えられ、遺されています。

モガリは、死者を本当に死んだとは認めないで、食事や歌舞を供することによって、霊魂が再び還ってきて、死者が蘇ることを願望した現われです。沖縄の「翌日見」と同じ形です。ですから、遺体が腐敗してきて異臭を放つようになると、初めて霊魂がもはや肉体には還って来ないと判断して、柩を埋葬したのです。

モガリの風習が形式的なると、埴輪を作って歌舞哭泣する人を象って代用とした

時代が進むにつれて薄葬になり、モガリが形式的になり、埴輪《はにわ》を作って歌舞哭泣する人を象り、その代用とするようになって、次第にモガリがなくなってしまったのです。

喪屋もまた、葬る墓のそばに設けられるようになりました。本来、喪屋は葬地とは別の場所に設けられたものが、一カ所になりますと、墓そのものが小屋を伴い、さらに屋形をかぶせら

念仏信仰と古代の葬宴が結びついた念仏踊り

れました。モガリの場が墓に移され、喪より葬が重要視され、ついには葬そのものが〝葬《はふ》り〟となり、喪は形式化されてしまいました。

◇

今でも、念仏を称《とな》えながら鉦《かね》をたたき拍子をとって、扇を持った老婆たちが踊り歩く「念仏踊り」の形も、葬宴の遺風が変形したものです。その始まりを空也《くうや》上人とし「空也念仏」とも言いますが、念仏信仰と古代の葬宴が結びつけられた形態です。

大和地方の念仏踊りは「門《かど》焼香《しょうこう》」または「門念仏《かどねんぶつ》」といって、棺を屋外に出して焼香するときに、講中の人々が棺の周囲を三度、「南無阿弥陀仏」と称えながら回るものです。

「翌日見」は、明治十年九月二十一日の鹿児島県の諭達により、衛生上の理由からこの風習を止め、速やかに埋葬するようになりました。

建墓編

建墓のこころ

まず祖霊の成仏にある

六甲の山並みを背にして、白く刻まれた五輪塔が建っています。ここは、兵庫県西宮市にある市営墓地の一角です。

温厚篤実な崇敬者夫妻が建てた供養塔
五輪塔の下には、写経が納められている

昭和二十五年、当時京都の賀茂別雷《かもわけいかずち》神社に、宮司として奉仕をしていた先代俯仰《ふぎょう》の指導のもとに、温厚篤実な崇敬者の夫妻が建てた供養塔です。五輪塔の下には夫妻が祖霊の成仏・解脱と罪障消滅を願って、水をかぶり心を浄めて書写した『法華経』一部八巻と、当時の神社崇敬者の真実のこもった写経七十余巻、先代の謹写した紺紙金字経《こんしきんじきょう》などが納められ、吉日に開眼供養が執り行われました。

当時、氏は不幸にも窮乏の極みにあって、家の供養が行われていないことに気づいての五輪供養塔の建塔供養でした。氏はその後に、発明した機械の特許権を取ることができ、さらにはその工業化にも成功し、昭和三十二年四月には科学技術庁長官の発明賞を受け、同年十二月には紫綬《しじゅ》褒章《ほうしょう》を授かりました。

当時は多大な借金を背負っていたのですが、その後は社会的にも高い地位に上り、少なからぬ資産を貯えられたようです。これは、氏の並々ならぬ努力と夫妻の誠真な建塔供養によって、成仏・解脱を得ることができた祖先の霊の守護と、生命が活力を得たことによるものです。

墓をつくる本願は、祖霊の成仏です。祖霊が成仏を得て安らかな霊となれば、生命は正しく流れ、家運の安穏と繁栄が自然に現われてきます。これは、顕界と幽界（この世とあの世）を一貫した相対的な表裏の真理によるものです。

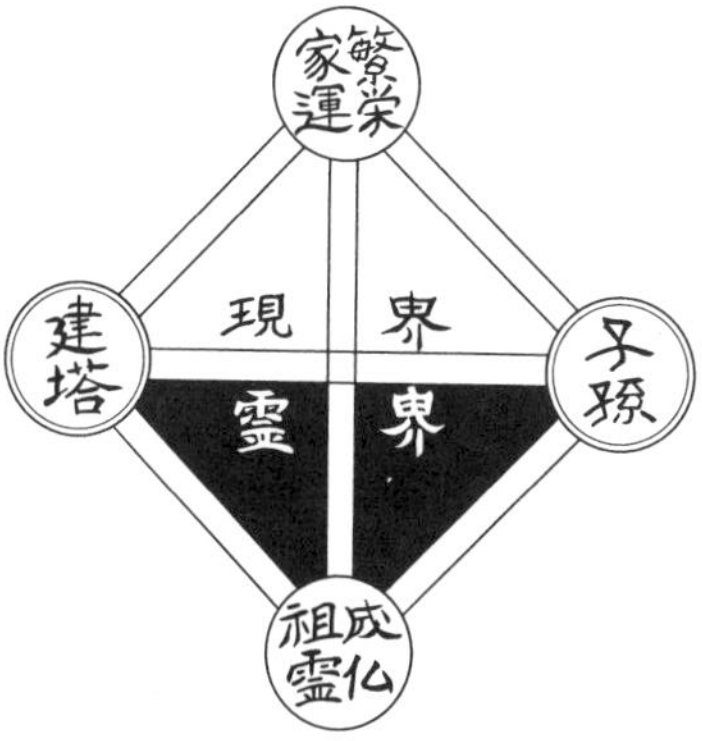

顕界と幽界（この世とあの世）とは表裏一体なので、祖霊が安らかな霊になれば、家運には安穏と繁栄が現れる

建塔・建墓が天地陰陽の法則にのっとらなければ供養の本願を達せられないことは、本書の「墓相編」でいろいろな墓や塔の例を挙げて述べました。

では、実際にどのようにすれば天地陰陽の法則にのっとり、祖霊の成仏ができる墓が建てられるか、という具体的な問題になります。そのために、「供養」について考えたいと思います。

供養の精神とは

供養をする具体的な方法として、五つの道（造寺・造仏・造塔・写経・読経）があることは前に述べましたが、供養そのものを深く理解していただくことが大切です。そのことが墓相を正しく把握し、誤りのない建塔建墓の供養につながるのです。

普通一般に供養というのは祖霊に対するだけのもので、「ご先祖さまの成仏」という簡単な言葉で片づけてしまいます。しかし、これは供養のほんの一部分にしかすぎないものです。供養には、もっと深い意味があります。

「供養」とは「供給資養」の略で、供給とは供といいますが、飲食衣服等のものを、仏・法・僧の三宝や父母師長亡者などに供え資養することとされています。先祖供養は、先祖に祭祀などを務めて感謝を捧げ、「資」として家や子孫の生命を育み祈ることです。感謝と祈りといえます。

そこで、供養を大きく分けますと、

一、家の悪因縁の消滅供養

二、祖霊の罪障消滅供養

三、自己の修養供養

の三つからなっています。この三つが合して初めて〝真の供養〟ということになります。

墓相は、真理と哲理の上に成り立っています。墓は一つ一つの条件によって、それぞれに異なった相がありますから、もし悪相があればそれを改めて真の供養を積み、祖霊の成仏・解脱を得させ、家運の繁栄のもとを築くように指導することが、私の務めです。

◇

尋ねたいことがある人や、建墓・建塔を希望する人の相談には、できるだけじかに会うようにしています。簡単なことならば手紙や電話などでも判断できますが、詳しい事情や正確な相をつかんで指導することは困難です。

私のところに墓相の相談で来られる人の中には、家系図とか古文書を拡げて「私は何代目になります」とか「私の家は何百年続いています」と話される方がありますが、それは記録に現われている家の歴史であって、家系のすべてではありません。どの家にも、歴史に現われない祖先の霊があるもので、たとえ分家の初代であっても、先祖がないわけではありません。

家の歴史や流れは、記録（過去帳・系図・古文書）以前からも続いていますし、これからも続いていきます。遠い過去から永い未来への一つの接点に、現在の私たちがあります。先祖が積み重ねてきた歴史の一つ一つが、現在の自分と家との因縁となっていて、自分もまた将来への因縁を作りながら歴史の一つの足跡となることを忘れてはいけません。

祖霊が遺した過去の多くの事跡の中には、善いものもあれば悪いものもあります。これらの一つ一つが因縁となるわけですから〝因縁〟には善いものと悪いものがあります。善い因縁は家運を陽明な方向に導いていきますが、悪い因縁は家運を滅亡に陥れます。

◇

ところで〝因縁〟というと、悪いことのように思われていますが、それは誤解です。因縁とは物事を成り立たせる原因、すなわち〝因〟と、因を助けて「果」を結ばせる力、すなわち〝縁〟によって定められた生滅の関係（有為《うい》）をいうのです。たとえば籾《もみ》は因であり、雨露やお百姓は縁であって、この因と縁が結ばれて「果」である稲ができるのです。人も善い因と縁に触れることによって、人生は明るいものとなり、運命が陽性になります。「善心を養えば、悪自ずから消ゆ」と言います。

また、悪い因縁の中には怨霊も含まれます。特に武家の家系には、それが現われる場合が多くあります。俗に〝先祖の祟《たた》り〟と言われるものは、この怨霊や怨念による場合が少なくありません。まれには、生前の不幸な出来事などで、子孫・遺族に怨念を残して死んだ霊の場合もあります。

しかし、祖霊の本来の姿は子孫を守護するものであって、祟るといったものではありません。ただ、迷ったり沈んだりしている霊が、供養を欲して子孫にすがることはあります。

悪い因縁のもたらす凶禍によって、家運が衰退し、苦難にわずらわされることになるのですが、これを防ぎ護るのが祖霊の力です。しかし、供養が届かずに成仏できない霊には、残念ながらその力がないために、子孫が因縁や怨念にいたぶられる結果になります。

墓を建てることも、吉凶にかかわらず一つの因縁によるものであって、その結果は墓が招くものだけではなく、家の因縁が墓相の上に現われてくるのです。悪い因縁に押し流されてしまう家は、どのように吉相を勧められても、不思議に凶相の墓を建ててしまうことでもわかります。

母親と出戻りの娘が二人、婚期を逸している娘の計四人の女が、父親の遺骨を埋葬するために墓地を求めたところ、抽選で当たった都下の霊園が西から西南を向いていました。明らかに後家相です。またこの例とは別に、一度求めた墓地が西向きであったために、あきらめて再び求めたところが、これも西向きであったという話もあります。家の因縁とは、ほんとうに恐ろしいものです。

◇

私たちは、日常生活を送っている間に、たくさんの罪障を犯しています。それは、知っていて犯す罪、知らずに犯す罪のもろもろです。祖先の霊が顕界に生きていたときも同様です。罪障の深さは人の寿命とは無関係であって、若くして死んでも罪障の深い人、老齢で死んでも罪障の浅い人があります。罪障の全然ない人はありません。

祖霊は死後に霊界にあって、その生前に犯した罪障のために、必ず一度は苦界に堕《お》ちます。そのため、すぐには遺族や子孫を守護することも導くこともできません。この苦界に沈んでいる祖霊を浮かび上がらせることが、遺族や子孫の務めであり、感謝であり、恩返しでもあります。このことが悪い因縁を消滅させ、善い因縁を強くする法になります。
供養されない霊は苦界に沈み、呵責《かしゃく》を受けていますので、遺族や子孫の供養を望み欲していま
す。ときには、遺族や子孫にすがることさえあります。ちょうど、海を進んでいる小船が底に付
着した貝のために速力が鈍くなるのと同じで、遺族や子孫の生活に支障が生じます。また、家族
を凶禍から守ろうとして、祖霊は子孫にいろいろな形をとって知らせますが、顕界にある者が気
づかないために、ついには凶禍に遭ってしまうことが多くあります。
祖霊は、その生前の罪障・罪業の数々を、諸仏の垂迹《すいじゃく》（仏・菩薩が、衆生を済度するために、
神として身を現わすこと）である十王（冥土《めいど》にあるという十人の王）の冥官《みょうかん》（十王の庁にいる役人）によって裁かれ、呵責されます。その審判の資料となり呵責から救う力は、遺族や子孫の修する追善供養です。十王のことについては、別の項で述べます。

人は自ら犯した罪障によって、霊界で十王の厳しい呵責を受ける

◇

家にまつわり凶禍を招く悪い因縁や怨念に対しては、深いお詫びの意味を込めた〝悪因縁の消滅供養〟をして、家運の流れを陽明な吉相のものとしなくてはなりません。

苦界に沈んでいる祖霊には、その罪障・罪業を消滅させて浮

かび上がらせる〝罪障消滅供養〟を修して、成仏に導かねばなりません。諸仏の垂迹である十王は、亡霊が生前に犯した罪障・罪業が消滅するまでは、忿怒《ふんぬ》の形をもって応現していますが、遺族や子孫の修する罪障消滅供養によって亡霊の罪障・罪業が消滅したら、すぐに仏身を現じて教化引導すると伝えられています。

悪因縁の消滅供養と祖霊の罪障消滅供養が正しく行われると、家運は吉相な陽明なものとなり、祖霊は成仏・解脱を得て、顕界にある家と子孫を守護する力となることは、顕界と幽界を通じて一貫する真理です。

◇

人は顕界にあっては、みなそれぞれに罪障を犯し、罪業を重ねています。今日のようにきびしい世の中では、なおさらです。その一つ一つが将来の因縁のもとになるものであり、霊界で十王の呵責を受け、苦界に呻吟《しんぎん》するもとなのです。

大神のご利益は産土《うぶすな》の神（氏神・山の神）から授かるものだし、如来や菩薩の功徳は祖霊を通じて守護されます。これらの〝光〟を受けるのは、それぞれの心（霊）です。心が罪障や罪業のために汚れたり濁っていては、正しく光を受け止めることはできませんし、神界・霊界にいる祖霊も、顕界の子孫たちを満足に導くことができません。われわれはいつも、心（霊）を鏡のように磨いておかなくてはなりません。

〝自己の修養供養〟とは、自分自身の生活を正し精神を磨き高めて、顕界で犯し重ねる罪障を減じ、消滅に努めることであり、神界・霊界からの導きとなる光を受け止めて、ご加護をいただけるように精進することです。

いかに供養をしても、物欲や邪心をもってしては、もとになる精神が薄弱であるために、真の供養とはなりません。常に、誠真な心をもって修養供養・祭祀供養を勤め、自分の内面に「信」というものが確立されると、現在の生活のなかにおいて、安穏の境地が開けてきます。これを真の意味で、「現世安穏《げんぜあんのん》」と呼びます。

五輪塔の四方四門の梵字は、祖霊の成仏・解脱への導きと述べましたが、それだけの意味ではありません。それは私たち顕界の人々の導きであり、道でもあるのです。

人は、その誕生のときには清らかで、邪心がなく無心です。「発心門《ほっしん》」がこのときに当たり、人の心が神仏にいちばん近い姿と言えます。しかし、次第に我欲を持つようになり、このために多くの煩悩と苦しみが生じます。これらの我欲や煩悩を昇華しなくてはなりません。これが「修行門」に当たり、人の一生の大半を占めるものです。人は我欲と煩悩を乗り越えて、悟りの境地に達することが求められ、この境地が「菩提《ぼだい》門」なのです。さらに高めて静かな清浄な境地に進み、澄んだ「涅槃《ねはん》門」の世界に入ります。

人が生前に涅槃門に到達することができますと、死後すぐに成仏・解脱の法門に入ることができ、苦界に沈むことはありません。しかし、人は修行門の半ばで人生を閉じてしまうため、涅槃門までには距離が残され、罪障も消滅されないままです。死後に「堕《お》ちる」と言われる深さは、この残された距離に当たります。

私たちは顕界にあるときに、一歩でも二歩でも涅槃門の世界に近づいていたいものです。このためにはたとえ一瞬であっても、涅槃門に入ることができるように努め、そのときを積み重ねていくことです。

少々難しく話しますと、先に述べた現世安穏とは、境遇に左右されない境地に入ることで、これを「生死解脱《しょうじげだつ》」と言います。この境地に入ると肉体が死んだ後のことにも安心が得られ、これを「安心立命《あんじんりつめい》」と言います。それが自己の修養供養の道になるのです。大切なのは、日々の礼拝供養であり、その具体的な方法の一つに、写経供養などがあるのです。

供養塔を建てる

塔婆を建てる

彼岸や忌日などには、墓に板塔婆《とうば》が供えられます。この板塔婆をよく見ますと、先に刻みがあって五輪の形に作られています。これを墓に供えることは、すなわち五輪塔を建てたと同じ功徳があり〝造塔供養〟の簡単な一つの形なのです。

墓に卒塔婆《そとば》が建てられたのは仁明《にんみょう》天皇の陵が初めてで、これより八十年後の延長八年（九三〇）に崩御された醍醐《だいご》天皇の陵（後山科陵《のちのやましなのみささぎ》・京都市伏見区）の上には、三本の塔婆が建てられていました。また、後宇多天皇（一三二四年崩御）の御遺骨は、比叡山の法華堂に五輪塔を建てて納められ、これが御陵に五輪塔が建てられた最初です。

『餓鬼草紙』『十王図』『一遍上人絵伝』などの多くの古絵図の中に描かれている墓には、数本の卒塔婆が建てられています。その他『平治物語』などの古い物語の中にも、墓に板塔婆を供養したことが書かれています。

◇

実は、板塔婆の供養による功徳の力は、その日一日だけのものであって、本来からすれば、この板塔婆は供養の終わった翌日には整理されることが望ましいのです。古くなりますと陰鬱になるばかりか、墓地が汚れるもとにもなります。親切な寺院では、墓地内に古い板塔婆を始末する箱を設けて、定期的に焼却するなどの供養をしています。

墓地に行きますと、十五センチ（約五寸）角くらいの木の柱が建てられ、梵字や経文の一節などが書かれているものを見かけます。これは「角塔婆《かくとうば》」と言われ、板塔婆より一段と丁寧な供養塔婆です。

板塔婆がその日だけの供養であるのに対して、角塔婆は五年の功徳の力があるとされます。なぜ五年かといえば、建てたときは陽気であっても、だんだんと朽ちて、次第に陰気になるからです。そのため文字が薄れて読みにくくなり、根元の腐ってしまった角塔婆は、早く建て直さなくてはなりません。墓地の陰気を過剰にして、凶相の暗示となるからです。

角塔婆の四面には、それぞれ五輪塔の梵字を書くことが望ましい

早急に石造の供養塔が建てられない場合は、角塔婆を建てて仮供養をします。しかし、この角塔婆は、あくまでも供養塔として祀るのですから、後に述べるよ

宝篋印塔は如来や菩薩を祀る塔であって
祖霊を祀る供養とは違う

うに〝写経〟を埋納しなくては、その意義は薄いものとなります。

角塔婆の四面のそれぞれには、五輪塔の梵字を正しく書くことが望ましいのです。しかし、宗旨や僧侶によっては梵字を書かないので、その代わりに念仏とか題目を書いたり、経文の一部などを書くことがありますが、仮供養塔のことゆえ、僧侶の法式に任せるのが賢明です。

恒久的な供養塔として建てられるのが、石造のものです。造塔供養の本来の念願とする本願は、石で供養塔を建てることにあります。

前にも述べましたが、祖先の霊を祀る供養塔として最も真理にかなっているものは五解脱輪塔、すなわち〝五輪塔〟です。この五輪塔と同様に多く建てられる供養塔として、「宝篋印塔《ほうきょういんとう》」と呼ばれる塔があります。

これは正式には「宝篋印陀羅尼塔《ほうきょういんだらにとう》」というものであって、塔内には法舎利《ほうしゃり》といって『一切如来心秘密全身舎利宝篋印陀羅尼《ほうきょういんだらに》経』か『宝篋印陀羅尼神咒《ほうきょういんだらにしんじゅ》』を納めるものであり、如来や菩薩を祀る塔であって、直接に祖先の霊の供養をする供養塔とは別の意味を持つものです。

五輪塔を刻む

「五輪塔は墓地の真ん中に建てる」と、前に述べました。しかし、これはある程度の余裕が墓地にあってのことで、実際にはすべてが理想どおりにはなりません。墓地の面積や方位その他の状況を実際に見て、その上で初めて正しい判断が下せます。

たとえば、墓地におおいかぶさっている一本の枝を払っただけで、家運の好転をみたこともあります。

古い共同墓地などの場合には、参道や境界をはっきりと確認することが大切で、万一、他人の墓地を踏んでお参りしなくてはならない場合には、どうしても家運がふさがれて、伸び栄えない凶相となるので、注意しなくてはなりません。

新しく墓地を求める場合には、磁石を必ず携帯して行くべきです。人間の感覚は太陽の動きを中心に見当をつけますので、季節による太陽の変化に惑わされ、どうしても多少のずれがあって、正しい方位を得ることができません。

墓地が定まったら、天地陰陽の法則にのっとって墓石、五輪塔、墓碑、墓標、灯籠、納骨室や埋経室などの最善吉相の設計案を作ります。五輪塔などは、日本古来の陰陽五行説に基づく「曲尺割《かねわり》」の法則を用います。

先祖からの墓石がたくさんある場合には、墓石の吉凶や家人との相談によって、残すものと始末するものとに分け、欠損している墓石が重要な先祖のものならば、新しくつくり直すことも必要です。

◇

元来、墓石は「一霊一基」「夫婦一基」が原則であり理想ではありますが、実行するためには数十坪の広い墓地を準備しなくてはなりません。墓地が少ない今日では、わずか一坪か二坪の墓地を求めるだけでも困難ですから、大きな広い墓地は入手できないのが常識です。

現在では遺体の葬法は火葬が主流ですから、一基の代々墓を建てて、みんなの遺骨をそれに納め、供養塔を正しく建てて祖霊を祀ることが、理想的な現代の両墓制の姿です。

◇

吉相の設計案の中で、特に主要な部分は原寸図を作ります。五輪塔をはじめとして、すべての供養具は「曲尺割《かねわり》」の数値や曲線に即したものでなくてはなりませんから、この原寸図に合わせて忠実に刻まれます。たんなる美的感覚だけではなく、厳格に割り出された真理を守り、正しい調和と和合が追究されます。

天地陰陽の法則が正しく調和し和合しているものにこそ、天地に通じる永遠不滅の美があるのです。いたずらに形だけを求めることは美を損ない、真理を崩すものです。真心をもって建てたものなら形はどうでもよいという人がいますが、これは一つの方便であって、真心が形に現われるのですから、そこには一つの真実がなくてはなりません。

祭祀供養の真髄は、姿かたちや形式にあるのではなく、その形式を生み出した精神にこそあります。精神を離れての形は虚ろなものといえます。心と形は一体のものなのです。

阿弥陀如来の像にしても、観世音菩薩の像にしても、またその他の如来、菩薩、明王の像にしても、像そのものが如来や菩薩となるのではなく、その像を通して広大無辺の世界におられる如来や菩薩の力におすがりするのです。

自己の精神を集中統一し、仏・菩薩を念じるための像が、心からの礼拝の対象として不完全なものではあってはなりません。その姿は自ずから形作られて真が通り、天地に通じるものとなります。これは、古くから多くの信仰を集め、人々の礼拝の対象となっている仏像を見ればわかります。

神道においても、御幣《ごへい》や御鏡を通して自己の浄められた心をもって神霊を礼拝するのです。御幣や御鏡が神霊と自己との、いわば接点となるのですから、神聖であり、清浄なことが要求されます。

天地陰陽の法則が重要なことを、古代の人は『日本書紀』の国生みの神話の中で、「陰陽《めを》の理《ことはり》に違《たが》へり。所以《このゆへ》に、今蛭児《ひるこ》（手足の萎《な》えた不具の子）を生む」と書き表わしています。正しい姿には正しい心が表わされ、汚れた姿には汚れた心が表わされます。これは万象に通じる真理です。

小叩きによって、真を通し、吉相の輝くばかりの白い石にする

生気に満ちた調和のある供養塔によって、祖霊が安らかになる

◇

「墓相編」で述べましたが、墓域に用いられる石材は、すべて白御影《みかげ》石です。これ以外には、吉相の石材は見当たりません。当然、五輪塔も白御影石で刻まれます。

白御影石は磨きますと〝ねずみ色の石〟となり、普通の墓石などによく見られます。これを吉相の輝くばかりの〝白い石〟にするには、「小叩《こたた》き」という技術を使って五輪塔を彫刻します。

「小叩き」にするのは、石を白くするためばかりではなく〝真《しん》〟を通すことにもあります。現在の墓石やその他の供養具は、機械で刻まれ、機械で磨かれ、文字も機械で彫られているために、人の手によって加工される余地はほとんどありません。これでは霊魂を成仏に導き、真の通った供養をすすめる供養塔はできません。

職方がその両手を使って、丹念にコツコ

ツと刻み彫ってこそ、職方の〝気〟が石に通い、建立者（施主）の真心も石に伝わり、生気が通う立派な供養塔ができるのです。熟練した職方による「小叩き」は、石の生地を美しく表わします。

「小叩き」で刻まれて生地が生かされ、輝くように白く形作られ、そして生気に満ちた調和のある供養塔によって、祖霊は導かれ成仏・解脱を、生命は活力を得ることができるのです。

普通一般には、磨いてあるほうがよいように思われていますが、「小叩き」によるほうが、遙かに品と格とを備えていることが、比較してみるとよくわかります。墓に必要なのは陽であり、品と格です。

梵字の起源

五輪塔が刻まれますと、四門に梵字が彫られますが、ここで、梵字について説明をします。

通説では、インド最初の文字はインダス文明期（紀元前二千五百から前千五百年頃）に使用された典型的な絵文字でした。

インダス文明とは、インド北西部・パキスタンを流れるインダス川流域で栄えた高度に発達した都市文明でしたが、紀元前一千五百年頃には、中央アジアから南下したアーリア人による侵略と破壊で完全に崩壊しました。アーリア人は、本来、無文字民族で、彼らが文字を所有するまでには、その後一千年以上の年月がかかりました。そのため、インダス文明の崩壊からアーリア人が自身の文字を得るまでの十世紀の間は、インド独自の記録がないことになります。

アーリア人の最古の文字は、カローシュティー文字と呼ばれるもので、紀元前四世紀後半に北西インド地方に普及しました。カローシュティー文字は、古代以来中近東を中心とするセム系民族の言語の、アラム語の影響を強く受けた言語で、右から左に書く左行書で表わします（梵字は左から右に書く右行書です）。

梵字はブラーフミーと呼ばれ、「ブラフマン（梵天）のもの」という意味です。その起源は、古代インドの最初の統一帝国、マウリア王朝の第三代であるアショーカ王（阿育王、紀元前二七〇～二四〇頃）の治世下とされ、サンスクリット語（インド・ヨーロッパ語の祖）を基本とし、フェニキア文字に代表されるセム文字に源を求めることができる文字で、今では梵字すなわちサンスクリットと捉えられています。

国家統一の原理となる法（ダルマ）を全国に普及させ、周知徹底させるためには、国語となる文字が必要になり、梵字が考案されました。それ以前の古代インドには、文字で書かれた法典は存在しません。ブラーフミー（梵字）の最古の資料は「アショーカ王碑文（紀元前三世紀中葉）」で、これを特に「アショーカ・ブラーフミー」といいます。

仏典の『マハーヴァストゥ（大事）』や『普曜経』などでは、ブラーフミー（梵字）とカローシュティーを文字の双璧として挙げているのは、これらの理由からです。

◇

お釈迦さまは、紀元前五百年頃（四百年頃の説もあります）に中部インドのマガダ国を中心に説法されたので、はじめはその地方の俗語マガダ語で説かれたと考えられます。この教えが口誦で西南にひろがり、いまのスリランカ地方に伝えられ、ここで聖典用に整えられ書写されたものが『パーリ語経典』です。南伝仏教、上座部《じょうざぶ》仏教、小乗仏教などと呼ばれます。

一方、カシミール地方、チベットなどに伝えられた北方仏教は、ブラーフミー（梵字）とカローシュティーで書写され中国に伝えられました。

中国には初期の頃は、いろいろな言語の経典が伝えられましたが、三国時代（魏・呉・蜀、紀元二二〇〜二八〇）の終わり、魏が呉を滅ぼして晋朝を建て統一した時代に、敦煌の竺法護《じくほうご》が西域各地をめぐり、膨大な大乗経典を求めて中国に帰りました。

これら経典が、梵本（ブラーフミー）であったことから、中国では梵字・梵本が主流になりました。竺法護が翻訳した経典は、百五十余部三百数十巻と伝えられます。その後、四世紀頃に、梵語原文と翻訳漢語の本質的な相違を指摘する人々が登場し、狭義の梵語を悉曇《しったん》としました。

竺法護《じくほうご》や鳩摩羅什《くまらじゅう》などの優れた人々によって、梵本経典が翻訳されましたが、陀羅尼《だらに》や真言などは、そのままの音で当て字にされています。これはその音の持つ響きが、言霊《ことだま》のような一種の霊力や超能力を生み出すと信じられていたためでもあります。さらには、仏・菩薩の真言から一字の梵字を選び出して、その仏・菩薩を表示するものとされて、これを種子真言《しゅじしんごん》と呼びます。

古代インドでは文書や手紙を書くのに、多羅《たら》の葉（棕櫚《しゅろ》の葉に似て厚くて固い葉）を用いて、それに竹筆や金属片で彫りつけるようにして書きました。仏教経典の書写にも使われ、これを「貝葉《ばいよう》」あるいは「貝多羅葉《ばいたらよう》」と呼んでいます。

元代（一二七一～一三六八）になると、新しいタイプの梵字が伝えられて、それが多く用いられるようになり、これをランシャ文字（ラマ教文化圏では聖なる文字の意味）といい、明代（一三六八～一六四四）以降は主流になりました。特徴は、より平筆（刷毛《はけ》、朴筆《ぼくひつ》）用になったといえます。

梵字の書体は、貝葉、朴筆、毛筆の三種がありますが、基本的には貝葉と朴筆の二種類で、毛筆（丸筆）は、貝葉書体に毛筆の手法を加えた折衷的な書体です。

薬研彫りの梵字

梵字は刷毛《はけ》で書くのが正式です。梵語《ぼんご》（サンスクリット語）による「文字」の意味を調べますと、「搔《か》かれたもの」とか「染められたもの」の意になります。また、字を書く道具の梵語には、「搔くもの」「葦《あし》」「染色するもの」などの意味があります。

このことから考えますと、梵字は篦《へら》や金属で、粘土とか木の皮などに記されたことがわかります。そのため、今日では篦に代えて刷毛を持ち、白樺の皮を紙に移して書くのです。

刷毛で記された梵字を忠実に彫り表わすのは、薬研彫りしかできない

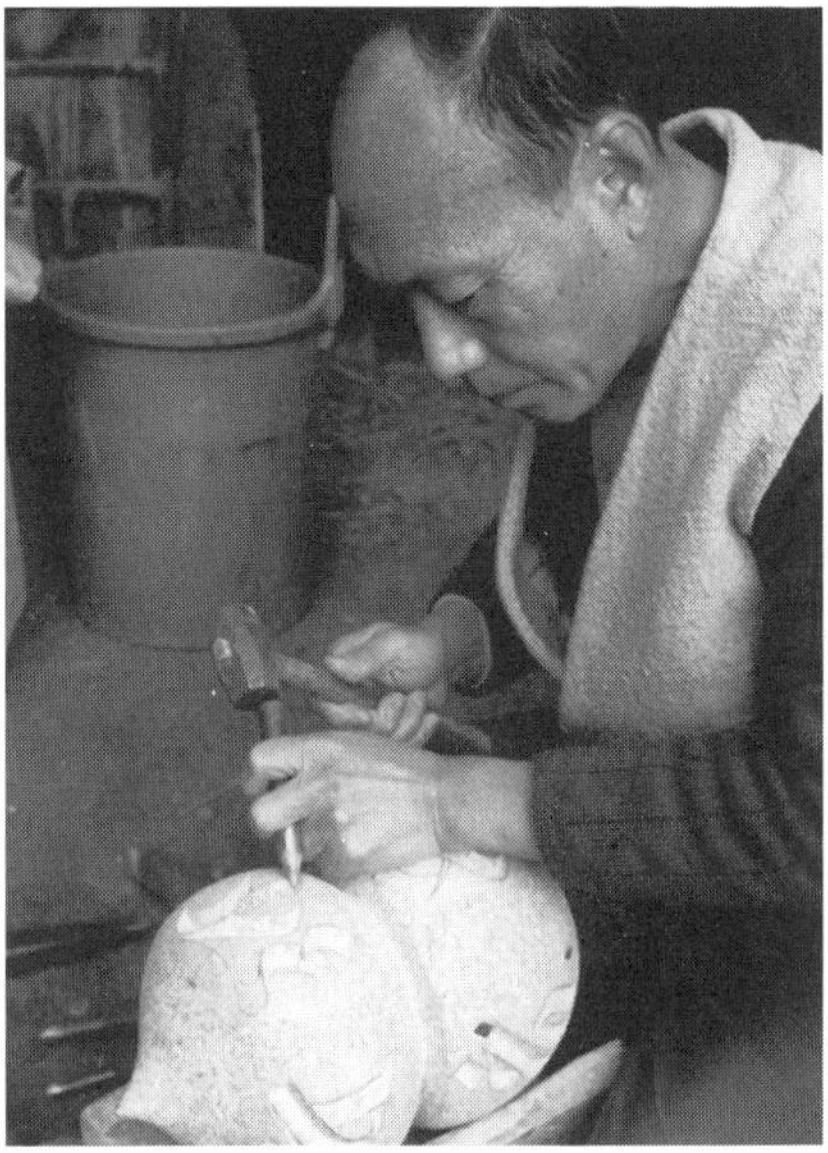

職方の丹念な手仕事による薬研彫りで正確な梵字が表わされる

刷毛で記された梵字を忠実に彫り表わすには「薬《や》研《げん》彫り」と呼ぶ彫り方以外にはありません。この彫り方は職方の丹念な手仕事によるもので、機械にかけて彫ることはできません。

「薬研」というのは、漢方の薬種を細粉にする金属性の器具で、なかが深くくぼんだ舟形をしています。この薬研の底に似た彫り方をするところから、「薬研彫り」と呼ばれています。

昔は薬研彫りで彫られた文字の中に米つぶを入れて、これを数えて石職の手間を払った、という話が伝えられていることからも、昔も正確な薬研彫りには、むずかしい技術が要求されたことがわかります。

今日では梵字を刷毛で書くことが敬遠され、簡単な筆書きによる梵字が通用していて、特別な僧の余技として刷毛で梵字を書くのが見られる程度になっています。五輪塔もその例に漏れず、梵字が彫られているものの大多数は筆書きであって、まれに刷毛書きがあっても、薬研彫りで彫ってあるものは見当たりません。

私は完璧な供養塔としての五輪塔のために、四門の梵字はもとより、埋納する写経、経筒などに謹書する梵字に至るまで、すべて刷毛を用いて書いています。したがって、薬研彫りにも完璧さと厳密さを要求して指導しています。

◇

彫り方の例として石壁の梵字（種子）を挙げますと、まず墨で和紙（洋紙だと石に貼るのに不都合な点がある）に刷毛書きされた梵字は、字画の重なりや底の割り出しが彫刻をする職方にわかるように、朱墨を入れるか反転して線書きで表わします。

刷毛書きされた梵字は、朱墨を入れるか反転して線書きであらわす

昔から梵字の彫り方には、特に薬研彫りの場合には、いろいろな様式があります。刷毛で書かれたままを直接に表わすのではなく、字の性格を表わす部分や強調する部分などが装飾化、図案化されます。

私は五畿内《ごきない》や鎌倉などにある古い五輪塔、宝篋印塔、石塔婆、板碑などを丹念に見て回って比較研究し、実際に何度も刷毛で書いてみた上で、初めて結論が得られた彫り方を指導しています。

◇

前に述べた奈良の般若寺《はんにゃじ》境内には、すぐれた層塔が遺されており、同じく重文に指定されている二本の笠塔婆《かさとうば》があります。刻まれている銘文によると、宋《そう》人の伊ノ行末《ゆきすえ》が弘長元年（一二六一）七月十一日、亡父一周忌の追善にその冥福を祈るとともに、合わせて当時健在の慈母のために建てたものです。

彫られている梵字は、鎌倉時代の特徴を表わしている書体と、薬研彫りの力強い手法をよく遺し、雄大で荘重な気品の高い供養塔婆で、七百年の風雪にさらされた今日でも、彫られている梵字の一つ一つが、まるで後光を放っているかのような感を受けます。笠塔婆のすぐれたものの一つであり、供養塔の手本です。

雄大で荘重な気品の高い供養塔婆
（奈良・般若寺、重要文化財）

五輪塔を建てる

高野山に建っている大きな五輪塔を解体してみますと、蓮華が彫刻されている台石をはじめとして、どの石にも最大限度の穴が中心にあけられています。これは千メートルもの高い山の上に石を運び上げるために、重量を軽くするための物理的な理由だけではなく、五輪塔に土の生気を通わせて、天地の流通を図ることに真の意味があります。

建っている姿からはわかりませんが、墓相の真理として重要な天地の生気の流通を得るための手段が、忠実に実行されています。墓相学の真髄を知っている古人による指導と研鑽によって行われたものでしょう。

どのように時代が流れても、墓相の真理・真髄は変わりませんから、この精神は私が指導監督をする五輪塔にも、活かされています。外部からは見ることができませんが、隠れてしまう部分こそ重要であり、そこに真理があるものです。

一例として「五輪塔の御霊《みたま》」があります。まず「写経」を納める「埋経室」が、地下につくられますと、五輪塔が台石から順序よく組み立てられていきます。このときには、刻まれた五輪塔が損なわれないように、細心の注意が払われます。

地輪が据えられますと、次に水輪が据えられて、「御霊」が厳粛に納められ、さらに火輪と風輪と空輪が据えられます。

五輪塔の内部には、生気を通わせて天地の流通を図るために大きな穴があけてある

御霊となる納入供養品を五輪塔内に納める願主

塔とは、その起源として仏舎利《ぶつしゃり》を納めて祀ったところに本義がありました。逆に言いますと、仏舎利になるものが納められていないものは、本来の塔とは認められないことになります。仏舎利とは、釈尊の遺骨のことですが、広く捉えれば法であり、霊あるいは生命です。これを肉舎利《にくしゃり》に対して法舎利《ほうしゃり》といいます。塔としての生命となる法舎利である「御霊」が納められていないものは、たんなる石碑となってしまいます。

この「御霊」は外部からはまったく見ることができませんが、五輪塔の心《しん》になるものであって、「開眼の儀式」によって塔が開眼されるのと同じく、たいへん重要なものです。

古来の仏像の胎内や塔身には、立派な納入供養品が見られます。また「御霊」と「写経」とは別のものです。

五輪塔に供養具が据えられ、その他の石も組み立てられて洗い清められますと、すべての工事は終わり、あとは埋経室に写経を納めて開眼の供養をするばかりとなります。

埋経から開眼まで

写経のこと

「写経」とは経文を書写することです。お釈迦さまの滅した後に弟子たちが集まって、お釈迦さまの説かれた言葉や、伝えられている事柄を書き記したものがお経です。ですから、経文の初めには「如是我聞《によぜがもん》」とあって、弟子の阿難《あなん》が「このように私は聞いた」と前置きしている形式になっています。

経文の原典は古代インドの言葉である梵語で記されていましたが、中国に伝わって漢文体に翻訳され、それが日本に伝えられました。そのため、梵語の発音がそのまま漢字に当てられているものがたくさんあります。「南無《なむ》」とか「摩訶《まか》」とかがその好例です。経典は実に五千数百巻を数える膨大なもので、その内容は広大無辺な如来の世界のことから、日常のわれわれの人の道に至るまでの一切が含まれています。

経を読み写すことの功徳は、経文の中の至るところに説かれています。たとえば、『法華経』

の法師品《ほっしほん》第十には、

「若《も》し復《また》人あって妙法華経の乃至一偈《いちげ》を受持《じゅじ》し、読誦《どくじゅ》し、解説《げせつ》・書写し、此の経巻に於いて敬い視《み》ること仏の如くにして、種々に華・香・瓔珞《ようらく》・抹香・塗香《ずこう》・焼香・繒蓋《そうがい》・幢幡《どうばん》・衣服・伎楽《ぎがく》を供養し、乃至合掌恭敬《くぎょう》せん。薬王《やくおう》当に知るべし、是の諸人等は已《すで》に曾《かつ》て十万億の仏を供養し、諸仏の所に於いて大願を成就して、衆生を愍《あわれ》むが故に此の人間に生ずるなり」

と説いてあり、ほかには『道行《どうぎょう》般若経』『放光《ほうこう》般若経』『首楞厳《しゅりょうごん》経』『賢劫《けんごう》経』『不退転法輪《ふたいてんぽうりん》経』『方便大荘厳《ほうべんだいしょうごん》経』『大方等大集《だいほうどうだいじつ》経』『金光明《こんこうみょう》経』などの経典に「これを書写すれば、よく大願を成就す」とあります。

◇

写経の供養として有名なものは、平安朝の弘仁《こうにん》九年（八一八）に嵯峨《さが》天皇がなされた紺紙《こんし》金字の一字三礼《らい》経があります。

この年は悪病が諸国に流行して、都は死屍《しし》累々《るいるい》という悲惨な状態であったために、時の御門《みかど》嵯峨天皇が空海（弘法大師）をお呼びになって、悪病退散の方法をご下問になられたときに、空海は、

「天皇おんみずから『般若心経』をご写経あそばされ、私は天皇のおあとについてご祈念申し上げます」

とお答えしましたので、天皇は一字ずつ三礼をなさりながら、写経しました。

「ここに帝皇、自ら黄金を筆端《ひったん》に染め、紺紙を爪掌《そうしょう》に握って、般若心経一巻を書写し奉り給う。いまだ結願の詞《ことば》を吐かざるに、蘇生の族途《やからみち》にたたずむ。夜変じて日光赫々《かくかく》たり」

このように空海（弘法大師）は、『般若心経秘鍵《ひけん》』の奥書《おくがき》に書いてます。この天皇ご親筆の『般若心経』は、今も京都の大覚寺に祀られています。

写経は一字一字が三摩耶曼荼羅《さんまやまんだら》であって、仏・菩薩の姿と同じなのですから、仏を一体一体刻んでいく気持ちで書写することが大切です。その一字一行が祖霊の成仏供養となり、一心に写経をしているうちに、涅槃の境地に達することができ、それは自己の修養の道でもあります。

◇

五輪塔に埋納する写経は、「罪障消滅の写経」と「功徳の写経」に分けられます。

罪障消滅の写経とは、家の悪因縁や祖霊の罪障の消滅を図るために遺族や子孫が修する写経で、施主が納める写経がこれに当たります。功徳の写経とは、ほかの人がその家の供養のために修する写経で、私などが納める写経がこれに当たります。

書写する経典は宗旨によって異なりますが、普通には『般若心経』をお勧めします。

さらに、浄土宗や浄土真宗は『阿弥陀経』を、その他の宗旨は『観音経（『法華経』観世音菩薩普門品第二十五）』を、神道ならば「大祓詞《おおはらえのことば》」を書写するのが丁寧です。

『法華経』一部八巻（全二十八品）や、「浄土三部経」（『無量寿経』『観無量寿経』『阿弥陀経』）を写経して埋納する人もあります。水子霊や幼児霊のためには、『地蔵菩薩本願経』を写経して

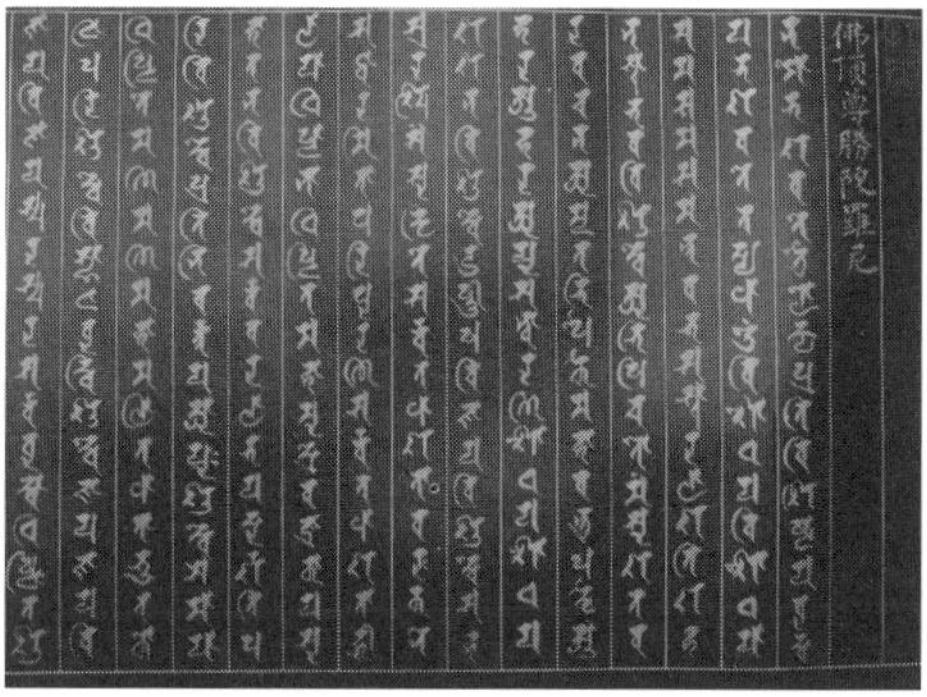

著者の写経した梵字による『仏頂尊勝陀羅尼』

埋納するのが適切です。

私が納める功徳の写経は『観音経』か『阿弥陀経』のどちらかで、浄土宗や浄土真宗以外の家には『観音経』にしています。特別に頼んである鳥の子の黄紙に書写し、巻末にはその家の戒名を連記し、薄墨で梵字を謹書して経巻に表装したものを、神前にて礼拝供養を勤めたのちに五輪塔に納めます。

◇

功徳の写経の巻末にその家の戒名を連記し、供養願文を謹書するのは、祖霊のすべてを成仏道に導くためです。

写経は一霊一巻が原則であり理想ですが、功徳の写経の巻末に戒名を連記することによっても、供養は達せられます。しかし最善を尽くすために、罪障消滅の写経は一霊一巻を実行していただきたい。

写経に黄紙《きがみ》を用いるのは、古写経の多くが黄紙を使っている古式によるものです。これは写経を虫食いから守る手段として、紙の原料である楮《こうぞ》の中に、黄蘗《きはだ》を混ぜて漉《す》いたために、写経紙が黄色に染まったことから、黄紙が貴ばれたのです。余談ですが、経典を虫害から守るための結果として、経紙が黄色いものになったのと同様に、鼠の害から守るために、留学僧が中国から猫を日本に持ち帰ったという説もあります。

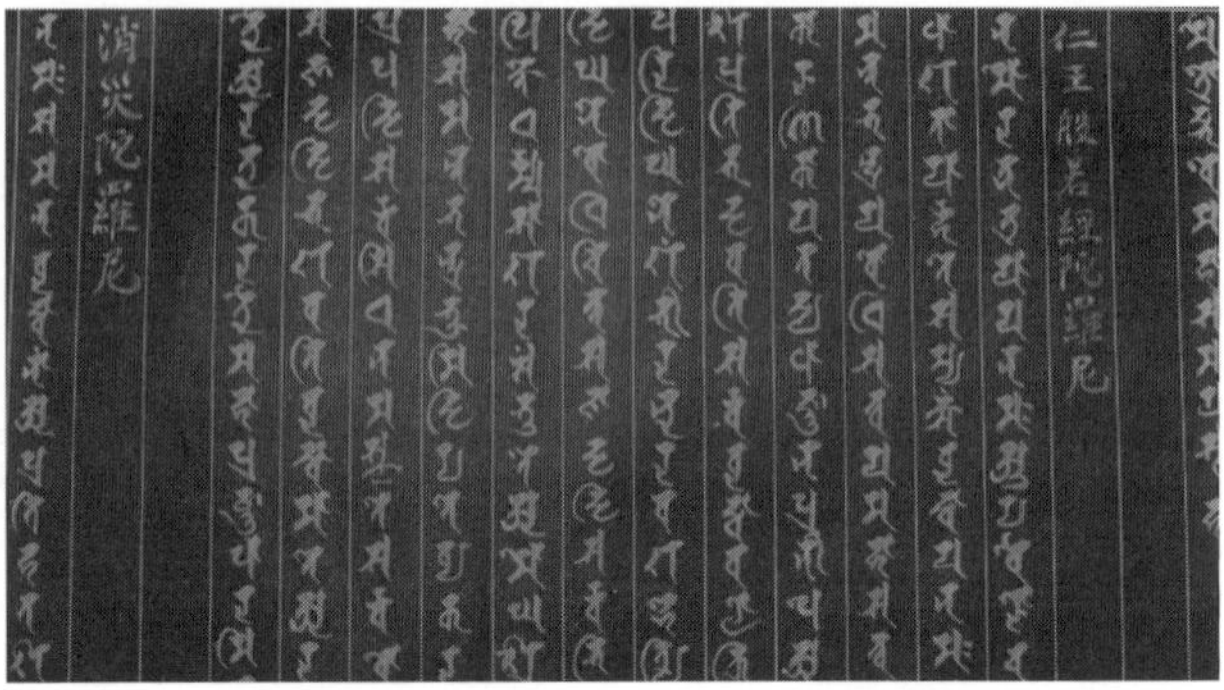

藍色に染めた紺紙に金泥で書写した紺紙金字経

写経は大きく分けますと、墨で書写する〝墨書経《ぼくしょ》〟と、藍色に染めた紺紙に金泥《きんでい》で書写する〝紺紙金字経《こんしきんじきょう》〟とになります。

金字経は古来から多く書写されていて、奈良時代には「写金字経所」の役所さえ設けられていました。それらの多くが伝えられ、今日に遺されています。膠《にかわ》を湯煎《ゆせん》して金泥（金の粉末）を溶かし、紺紙に書写するという、微妙な溶かし方を要求されますし、金泥の扱いを誤ると変質して光沢が失われてしまいます。私も年に何度かは、特に頼まれて紺紙金字経《こんしきんじきょう》を書写し埋納することがあります。ほかに、一石一字の写経もあります。

◇

写経をするには、用紙、筆、墨、硯《すずり》などの用具が必要です。筆と墨は新しいものを用意して、あらかじめ写経用として区別をするべきです。

最近は写経が普及してきたために、高価な写経用紙を置いている店が増えてきています。しかし、初めは普通の写経用紙で結構です。そのほうが書きやすいし、万が一間違えた場合でも、簡単に修正することができます。

本来は、一字でも誤写した場合には、用紙の始めからやり直すのですが、実際にそのようなことをしていては、心経を一巻写すのもたいへんなことなので、その一行を切り落として紙を貼り合わせ、間違えた行の始めから書写するようにします。この場合には、右が上になるように貼り合わせることを注意してください。

筆は雀頭《じゃくとう》（穂が雀の頭のような形）などいろいろな形がありますが、各自の使いやすい筆を選んで差し支えありません。筆の持ち方は〝単鉤《たんこう》、枕腕《ちんわん》〟と伝えられていますから、人差し指を一本だけ筆の軸にかけて親指ではさみ、左手の甲の上に右の腕の肘をおいて書写するのが常法です。つまり、一点一画をおろそかにしないで、丁寧に書写することが大切なのです。枚数の多少や字の優劣ではなく、心の問題であることを忘れてはなりません。

硯は古いものでも十分ですから、綺麗に洗い清めてから用い、その都度洗うように心がけてください。墨は墨汁を避けて、写経するたびに新しい水を用い、静かに磨《す》ることが、心を落ち着かせることにもなります。またそのときに、線香をつけるなり香を焚くことが望ましいし、よい結果にもなります。

◇

写経は、正式には一行を十七文字に書きます。これは陽の上数の九と、陰の上数の八とを合して十七とし、天地陰陽一如を表わしています。天道は九制をもってし、地道は八制をもってしていることは、古く中国から説かれていることでもあります。また『般若理趣経《はんにゃりしゅきょう》』には、「十七は清浄《しょうじょう》の本有《ほんぬ》を示す」とあります。

経題は行のいちばん上から書き、最初の一字分をあけたりしてはいけません。また、どんなに長い題であっても、必ず一行に書き納めます。

一日に一行でも二行でもよいから、毎日続けて一巻を書写し上げることが肝心です。できれば時間を定めて、その時間に勤めるようにしたいものです。

文字の上手、下手はまったく問題ではなく、一点一画を正確に書写することが大切であり、書写した経文の一字一字が仏となって祖霊を成仏に導くことになり、五輪塔の下に納めることは祖霊や故人の追善、追孝の赤誠を捧げることでもあり、その人自身の修養供養、罪障消滅にもなります。写経を勤めることの喜びは、広く深い味わいがあるものです。

書写し損じた紙はくず籠などに捨てないで、別に集めて燃やし、その灰は海かきれいな川に流すのがよろしいです。

◇

私が納める功徳の写経に、薄墨（金字経の場合には銀泥）で謹書する梵字は、前に述べた十王などを表わすものです。

写経にそれら十王の種子を謹書し勧請供養するのは、祖霊を苦界から救い成仏道に導き、成仏・解脱を得させるためです。家族が書写をした写経にも、一枚ずつ薄墨で梵字を謹書供養し、塔下に埋納しています。十王とは、

初七日　秦広王《しんこう》（本地　不動明王）
二七日　初江王《しょこう》（本地　釈迦如来）
三七日　宋帝王《そうたい》（本地　文殊菩薩）
四七日　伍官王《ごかん》（本地　普賢菩薩）
五七日　閻羅王《えんら》（本地　地蔵菩薩）
六七日　変成王《へんじょう》（本地　弥勒菩薩）
七七日　太山王《たいざん》（本地　薬師如来）
百箇日　平等王《びょうどう》（本地　観世音菩薩）
一周忌　都市王《とし》（本地　勢至菩薩）
三周忌　五道転輪王《ごどうてんりん》（本地　阿弥陀如来）

です。祖霊を、これら十王の呵責《かしゃく》から解かなくてはなりません。功徳の写経を勧めていたり、梵字を謹書しているときに、その家の祖霊の中に非常に苦しんでいる者があると、さまざまな方法で感応させられることがあります。まことに不思議な現象ですが、またそれゆえに誤りのない真の供養ができるのです。

今日では、写経の功徳や効用が広く認められて、仏教信仰者以外の方でも、カトリック信者の方、無宗教の方も写経に興味を持っています。しかし、いざ写経となると経典そのものに馴染めないために、縁ができないことがあります。

◇

写経とは、お経に限ったことではありません。自己の信じるものを漢字で写すということが大切なのです。たとえば『聖書』でも、漢訳（和訳）されているものを写すことは、写経と同じ功徳が生まれます。

字には「表意文字」と「表音文字」があります。表意文字とは、象形文字に代表されますが、文字そのものが意味を持っています。表音文字とはローマ字に代表されるように音を表わす文字です。言霊《ことだま》として唱えたり読み上げたりすることは表音文字で結構ですが、書き写すことの功徳は、文字一つ一つに意味を持っている表意文字としての漢字に尽きます。

経筒のこと

写経は経筒《きょうづつ》に納めて埋納します。写経をしたものを埋納する「埋納経の供養」は、古く平安朝から行われ、経筒もいろいろと作られました。

なかでも有名なものに、大和の金峯山《きんぷせん》から発見された、藤原道長が埋納した金銅の経筒があります。表面に銘文があって、それには、

「道長が百日の潔斎をして、寛弘《かんこう》四年（一〇〇七）八月に埋納したもので、紺紙金字の法華経

藤原道長が埋経した経筒
（京都国立博物館・国宝）

一部八巻をはじめ七つの経典の写経を納めた」

とあります。幸いに保存が良好だったので、紺紙金字の写経は現在でも読むことができます。

◇

私が五輪塔に埋納する経筒は、外筒と中筒との二重構造にしています。写経を中筒に納めて、さらにそれを外筒に入れて蓋《ふた》をし、埋経室に納めます。

外筒は素焼きの埴《はに》製のものですが、中筒は金銅製と埴製の二種類を作っています。

素焼きの埴製といっても、その形状、寸法はもとより焼き加減に至るまで、経筒として最良のものを得るために、窯元《かまもと》に対しては厳密に指示をし協力も得ています。陶器づくりも機械化が進んでいる今日ですが、経筒は一つ一つを轆轤《ろくろ》にかけて丁寧に作られます。試験的に型にはめて作ってみましたが、一つとして満足なものはできませんでした。

丹念に一つ一つを轆轤で作り、慎重に窯で焼いて、初めて供養に使うことのできる経筒が得られるのです。現在納めている経筒は、私の長年の研究と苦心の結晶です。

外筒の正面には、その家の宗旨を表示する梵字が記されます。素焼きに墨で記されたものは、永久に消えることがありません。奈良時代の遺物が平城宮跡から発掘されましたが、素焼きの土器に書かれた文字や落書きは、千二百年を経た今日でも鮮明に残っています。

墨で経巻名や願主、梵字などが記された経筒は、神前で祓いと祈願を込めてから、初めて写経を納めることができます。

写経を供養塔に正式に埋納するとき以外には、紙筒（化学製品などの筒は避ける）か、節《ふし》を抜いた竹筒に納めて埋経してもよろしいです。仮供養の場合には、写経に地の生気が通って経紙が土になり消滅することがよいのですから、化学製品などで密封して埋経してはいけません。

◇

これは、ある文豪の墓です。石畳の上に黒い石で形作られた文机が置かれ、これに六角の経筒形の石が建てられています。机の脚には両親の戒名が彫られ、机の上の経筒形には故人の筆跡による俗名が彫られています。

墓標を経筒の形にした文豪の墓だが
成仏供養の心とかけ離れている

墓とは見えない象形《しょうけい》的な記念碑であって、成仏供養の導きとなるものは何一つとして見当たりません。設計者は、写経を経筒に納めて埋納することが、霊魂の供養になることを知っていたので、墓標を経筒の形にしたのでしょうが、有名無実の経筒では供養になりません。

骨壺と納骨室

納骨室に水が溜まり、骨壺《こつつぼ》に水が溜まって遺骨が水につかっているときの凶禍は、別項で述べたとおりです。これを防ぐには、納骨室に水が溜まらないようにすると同時に、骨壺もまた水が溜まらない生気の通うものを用いることです。

納骨室はコンクリート作りをやめて、白川石か良質の大谷石《おおやいし》で組むのがよろしいです。白川石か良質の大谷石は水を通すので、底に厚く小砂利を敷けば、大地の生気の流通は保たれます。石材店の中には、大谷石は脆《もろ》いという人がいますが、良質の大谷石ならばその心配はありません。

明治三十五年に築かれた東京・番町（千代田区）の、ある屋敷の土盛りの造成工事に良質の大谷石が用いられていますが、百年近くの風雪を経た今日でも傷まずに残っています。また、五十年前に建てた五輪塔を最近移転させましたが、地下の納骨埋経室の大谷石は完全でした。また、凍結の恐れがある場所など、万全を期すときには白川石が最善です。

納骨室と同様に埋経室も白川石などで組まれますが、重要なことは、必ず天地陰陽の法則による数値の和合が図られなくてはなりません。

◇

骨壺は素焼きによるものが最善です。しかし、今日ではごく一部の地方を除いては、白い陶製の骨壺が広く用いられています。

弥生《やよい》時代には素焼きの甕棺《かめかん》がつくられ、遺体を納めて土中に葬りました。これは前に述べたように、遺体を母親の胎内に還そうとする現われで、この葬法は江戸時代まで伝統的に受け継がれていました。甕棺は大地の生気が流通し、天水雨露の恵みを受けられるために、時が経つと遺体は完全に消滅し、自然に還ることができます。実際にその底に、無色透明、無臭の水だけが遺っているのが、しばしば見られます。火葬に付された遺骨を、素焼きの壺に納めても同様になります。

骨壺は、素焼きでも経筒とは違った焼き方が要求されます。私は「大きい壺」「中くらいの壺」、そして幼児や土を納める「小さな壺」の三種類を特別に作っています。さらに、色にも細心の注意を払い、曙色を出すように努力しています。素焼きですから、釉薬《ゆうやく》を一切使わず、窯の温度だけで色づけするため、非常な苦心がいります。

壺の正面には遺骨の供養を表示する梵字を、背後には戒名、俗名、没年月日、行年などを記します。素焼きに墨書きのため字が消えませんので、誰の遺骨かわからなくなることはありません。

弥生時代には素焼きの甕棺で遺体を土中に葬った（國學院大学所蔵）

白川石などの納骨室と素焼きの骨壺とによって、遺骨は天地自然の恵みを十分に受けられる、生気の循環の中に安置されます。

骨壺を用いないで、土中や墓石の下に直接骨を埋葬する地方もありますが、この場合には晒《さらし》などの布で袋を作り、それに遺骨を納めて埋葬するとよいでしょう。

著者が制作した素焼きの骨壺　正面には供養を表示する梵字と、背後には戒名、俗名、没年月日などを墨書する

納骨堂が二百年ぐらいして、骨壺で一杯になった時には、納骨堂の下に素焼きの骨壺をそのまま埋めます。そうすると、また骨壺が納められるようになって、次に一杯になるのはまた二百年ぐらい先です。その時に下を掘ったら、旧い骨壺は四百年ぐらい前のものになる勘定ですから、骨壺が残っていても、火葬骨は風化してなくなっているはずです。

開眼供養のこと

墓地の工事が完了し、すべての準備が整えられますと、吉日（命日や彼岸、その他のよい日）を選んで墓石の下に遺骨を納める〝納骨の式〟と、五輪塔の下に写経を納める〝埋経の式〟が行われ、続いて〝開眼供養の儀式〟が執り行われます。

開眼供養とは、新しくつくった仏像の眼を開き、魂を入れる儀式であって、この場合には、墓石や五輪塔その他の供養具に生命を与え、天神地祇、五智《ごち》如来を勧請《かんじょう》（招くこと）して成仏・解脱の法門を開くことになります。

五輪塔から宇宙五大を表わす青・紫・赤・白・黄の五色の布綱を垂らし、導師以下の参列者の

遺骨を納める「納骨の式」と五輪塔に写経を埋める「埋経の式」が行われ、「開眼供養の儀式」が執り行われる　天神地祇、五智如来を勧請する

すべてが握って開眼供養をします。この布綱を「五智因縁《ごちいんねん》の手綱《たづな》」と言います。

黄色の布綱は中央を表わし、大日如来を示す色であるため、開眼供養の儀式を勤める導師が握ります。

青色または緑色の布綱は東方を表わし、阿閦《あしゅく》如来または薬師如来を示す色であるため、家長か嗣子《しし》（跡取り）が握ります。

赤色の布綱は南方を表わし、宝生《ほうしょう》如来を示す色であり、女人済度の普賢菩薩に通じる色でもあるため、妻女たちが握ります。

白色の布綱は西方を表わし、極楽浄土の阿弥陀如来を示す色であるため、後生《ごしょう》の安楽を願う老人たちが握ります。

紫色または黒色の布綱は北方を表わし、釈迦如来を示す色です。その家を守立《もりた》てる親類縁者の一般参列者が握り、ともに開眼の縁を結ぶのです。

五色の色別は、高松塚古墳の壁画で一般に知られるようになった星宿《せいしゆく》、四神《しじん》（青龍《せいりよう》・朱雀《すざく》・白虎《びやつこ》・玄武《げんぶ》）にも通じるもので、注意して見るとたくさんの例があって、私たちの日常生活に身近な存在であることがわかります。

◇

開眼供養として名高い儀式に、奈良・東大寺の大仏開眼供養があります。天平 勝宝《てんぴようしようほう》四年（七五二）四月四日、聖武上皇・孝謙天皇ご臨席のもと、文武百官を連ねて極めて盛大に執行されました。菩提僧正《ぼだいそうじよう》が大仏（盧舎那仏《るしやなぶつ》）の仏面に筆を執って開眼し、その筆に綱を付けて、参集の人々が、皆この綱にすがって開眼の縁を結んだもので、このときに用いられた品は現在でも正倉院に伝えられています。

◇

太政 大臣《だじようだいじん》藤原道長は、京極に阿弥陀仏九体を祀る無量寿院を中心として、金堂や五大堂、薬師堂などを含む「法成寺」を建立しました。さらに富と権力に任せて、同寺に百体仏を供養安置するなどの仏事供養を盛んに行いました。このため、本人は関白にならなかったのに「御堂《みどう》関白」とさえ称されました。

万寿《まんじゆ》四年（一〇二七）、死期の迫ったことを悟った道長は、法成寺の阿弥陀堂に移り、眼で阿弥陀仏を見、耳で念仏を聴き、北枕で西向きに伏して心に極楽を念じ、阿弥陀仏の御手からひい

「浄土三部経」をはじめ、家族が修した『大祓詞』『般若心経』、紺紙金字による『法華経』など多くの写経が埋納され、五色の布綱を導師と家族や参列者が握って、開眼の儀式が執行された

た五色の糸を手に、この年の十二月四日に六十二歳の生涯を終えました。

◇

五輪塔の開眼供養のときに、祖霊の喜びを感じる人もいます。開眼のあと、夢の中で祖霊の喜びの姿や、お礼の形を知らされる人もあります。人によってさまざまではありますが、これも不思議な交霊現象の一つです。

ある神職家の五輪塔の開眼祭を、私が務めたことがあります。

塔下には、母親が潔斎し書写した「浄土三部経」をはじめ、家族が修した『大祓詞』『般若心経』、紺紙金字による『法華経』など多くの写経が埋納され、五色の布綱を導師である私と家族や参列者が握って、開眼の儀式が執行されました。

式のあとでその母堂は、「自分の握っている手綱を通して、自分の血液が五輪塔と自身の体内を循環するのをはっきりと感じた」と話していました。

開眼供養のときに、天上から五色の蓮華が舞い降りるのを見た人や、開眼供養の夜に、亡くなった両親が嬉しそうに夢の中に現われた人、自分の家の先祖たちが、それぞれに正装した姿で嬉しそうに走っていく夢を見た人など、このように祖霊成仏の験《しるし》を感じた報告は数多くあります。

五輪塔が開眼されたことによって供養が始まる

心正しく真理に誤りのない供養を修すれば、それは必ず神界霊界に通じて、祖霊を成仏に導くことができるのです。その現われとして、顕界にあっては、ガンの手術を受けた完全看護の女性が九分九厘の死の宣告から快癒したり、一人の後継者もなく半ば絶家を覚悟していた家に立派な後継者が得られたり、勤務先での災難を奇跡的に一人だけ救われたりします。

遺骨が現在はない場合でも、塔下に祖霊の戒名とか供養願文を記した写経を納め、開眼供養を執行するので、先祖供養の形は真に正しく整います。しかし、五輪塔が開眼されたことによって供養が完成されるものではなく、供養がそこから始まることを忘れてはなりません。

祖霊の供養

墓参りのこと

いかに吉相の墓を建てても、墓参りをしなくては本願を成就することはできません。命日とか、お盆とか、彼岸に限らず墓地を訪れ、掃除をし浄めて花を供え、線香をあげてお参りをすることが大切です。

墓参りには「六種の供養」というものがあり、「六度行《ろくどぎょう》」と呼ばれている行と深い関連があります。六種の供養を説明する前に、六度行について簡単に述べておきます。

布施《ふせ》行―施しをすることで、利欲のない感謝と愛の発露です。

持戒《じかい》行―反省のある生活です。心の眼を開いて仏心に通じ、人間世界の浄化を進めて、陽明明朗な生活を送ることです

忍辱《にんにく》行―不撓《ふとう》不屈の力強い精神を修めることです。悲しみや苦しみの逆境にも負けず、怒りと焦りを排して、常に明るい笑顔をたもつことです。

精進行《しょうじん》—不断の努力と精進とによって智徳を研《みが》き、人生の円熟を得ることです。
禅定行《ぜんじょう》—自己統制のことです。心を一つにして雑念・妄念を排し、悪に染まることなく心を清浄に保ち、天職を全うすることです。
智慧行《ちえ》—智慧を磨き、事物の実相を観照して、惑いを滅却し菩提を成就することです。

これらの六度行と六種供養の関連を示しますと、

一、水—布施行
二、塗香《ずこう》—持戒行
三、花—忍辱行
四、焼香《しょうこう》—精進行
五、飲食《おんじき》—禅定行
六、灯明—智慧行

のようになります。これらについて詳しく説明しましょう。

一、水（閼伽《あか》）

水は万物生長の源であって、一切のものに平等不変に与えられ、仏尊の大悲大慈の心を表わしています。水を墓に供えることは、不浄を洗い流し、清い心を示顕します。

二、塗香《ずこう》

塗香とは、手や身に塗って浄める香のことです。迷いや悪心、俗事の汚れを塗香することによって浄め、心の垢をも祓い、誠真な供養を捧げる意味です。

三、花

自然に咲く花には微塵の悪意もなく、常に美しく、色とりどりに自然の精として、平和の善美の結晶です。美しく微笑している花は、人の怒る感情を鎮め、心の邪悪を除き、忍耐の美しさを表わしています。

一粒の種子から芽を出し、雨や風に打たれて、雪や霜に苦しめられながらも、太陽の慈光にいかなる困難も忘れて、朗らかな笑顔のように咲きます。そこには、人間が学ぶべき教訓がたくさんあります。墓前に花を供えるのは、美しい純情の象徴として仏心を培い、仏果を向上させる意味があります。本書の巻頭に載せた三浦屋幸助の句を参考にしてください。

四、焼香《しょうこう》(線香)

香は邪気を払い、心を柔和に導き、仏心を高めます。墓前で焼香をすることは、周囲の邪気と俗塵を祓い、芳香の漂いをもって浄化し、祖先の精霊を清浄にして供養回向をする意味があります。

五、飲食《おんじき》

お供物（菓子など）を墓前にお供えするのは、食物は人身を豊かにし心の足ることを知って、人間成長の要素として不可欠なものであるように、祖霊を餓鬼道から救い、感謝を表わす意味です。

墓参りに、故人の好物だったものを供えるときは、石塔などに直接供えないで、必ず白紙とか綺麗な木の葉や蓮の葉などを敷いて、謙虚な心で丁寧にいたしましょう。祖霊はその心を受けるのですから、お供物を墓前に供えたままにして帰るのは困ります。墓は汚れますし、犬や鳥が集まって来て墓地を荒らします。必ず始末をしていただきたい。

六、灯明

墓前に灯明を点ずることは、闇の邪悪を排して光明の実相を照らし、暗黒の淵から祖霊を救い出し、仏心を高めて仏果を得させる意味があります。

このように、私たちが習慣的に墓前や仏壇に供えている水、花、線香、供物、灯明などには深い意味がありますから、それぞれを認識して慎重に勤めてください。

◇

「彼岸《ひがん》」とは波羅蜜多と書きますが、梵語のパーラミターの訳で、「生死輪廻《しょうじりんね》の此岸《しがん》を離れ、涅槃寂静《ねはんじゃくじょう》の彼岸に至る」という意味です。

春分・秋分の日を中心に前後七日間ですが、この時期は「時正《じしょう》」とも言って、昼と夜が同じ長さで太陽は真東から出て真西に没します。これは、太陽が東方薬師如来の眉間《みけん》の白毫《びゃくごう》を離れて、西方阿弥陀如来の八葉の蓮華座に傾くといわれています。

彼岸会は、延暦《えんりやく》二十五年（八〇六）、崇道《すどう》天皇（早良《さわら》親王）のために、諸国の国分寺の僧に春秋二仲月別《わけ》七日、『金剛般若経』を唱えさせたことに始まります。

今日では〝彼岸〟は季節行事となって社会生活の中に溶け込んでいて、法要や墓参りが広く行われます。年に一度は家族がそろって墓に参り、先祖に感謝するとともに、先祖が生きてきた時代を振り返ってみるのもよいことです。

◇

公園墓地ではあまり見られませんが、寺院の墓地には必ず「無縁塔」とか「万霊塔」が建てられています。墓参りのときには、そこに一本でも花や線香を供えて供養をしていただきたい。その中には、無縁として誰が納められているかわかりませんが、あるいは自分にとって恩のある人、自分の家の先祖が世話になった人が祀られているかもしれません。無縁を拝むと凶禍があると言う人がいますが、それは誤った俗信です。

無縁塔や万霊塔にも、花や線香を供えて供養するとよい

無縁を祀らない寺は栄えることがなく、また住職か家族に病気で悩む人が現われることがあります。

無縁塔の近くに六地蔵を祀ってある寺もあります。これは、

歴代住職の苦労によって法灯が絶えることなく伝えられている

六地蔵は、六道を輪廻する衆生を済度する菩薩
墓参りの際には、きちんと回向するとよい

天上・人間・修羅・畜生・餓鬼・地獄の六道を輪廻する衆生《しゅじょう》を済度《さいど》する菩薩であって、子どもの死後には賽《さい》の河原の救護《くご》者ともなるので、同じく回向しなくてはなりません。五輪塔の開眼式に用いた五色の布綱で、袈裟《けさ》や頭巾《ずきん》を縫って納める人もあります。

◇

寺院の住職は、本尊の前での勤行《ごんぎょう》が済んだら、歴代と無縁は必ず巡拝していただきたい。開山以来の歴世住職の一方ならぬ労苦によって、その寺院の法灯が絶えることなく今日まで伝えられ保たれているわけですし、その寺院に住んでいる者の務めの一つは、寺が預かっている多くの無縁を回向することなのです。

仏教がインドから西域（中国の西方諸外国の総称）を経て中国に伝わったとき、西域の僧はまず蕃客《ばんかく》（外国人）接伴《しょうばん》の官衙《かんが》（役所）であった鴻臚《こうろ》寺に宿泊しました。そののちに各人が中国各地に住居を改めたのですが、初めの宿舎を忘れずに寺号を表示したために、僧の住居をすべて〝寺〟と称するようになったと伝えられています。

住職も、開山をはじめとする歴代住職と、寺を支えてきた檀徒の霊に対しては、西域の僧が世話になった鴻臚寺を忘れなかったように、感謝と回向に努めていただきたい。

家庭祭祀の五輪塔

墓地の一坪はいつのころからか、三尺四方とされています。ところが、都市にある寺院の墓地では二尺五寸四方を一区画としている例さえあるように、墓地の面積が制約されてきている今日、墓石と五輪塔の二つを建てられない場合があります。

家庭の仏壇で祀ることのできる五輪塔
銅生地に金箔を漆で貼ってある

あるいは墓地の面積が十分にあっても、五輪塔を建てて供養をするには、現在の事情が許さない場合もありますし、分家の初代でまだ亡くなった人がいないために墓地を求めてはいないが、先祖を祀りたいという人もあります。また、郷里に墓地があって五輪塔も建ててあるが、日々の礼拝供養に五輪塔がほしいという人もあります。

これら五輪塔が建てられない場合の祖霊の供養や、

五輪塔を礼拝する機会の少ない人の供養方法がなくてはなりません。これを解決するために、家庭の仏壇で祀ることのできる小さい五輪塔を考案して、各方面の方に多大なご苦労と無理をお願いし、三年に及ぶ歳月を費やして実現をみました（口絵写真6参照）。

それは、銅で五輪塔をつくり、四方には正しく薬研彫りによる梵字を刻み、塔の中心部に経巻を納められるようにしました。その経巻は、種子を墨書供養し祈願を込めた『般若心経』で、巻末には先祖の戒名や供養願文を記入できるように余白を取ってあります。

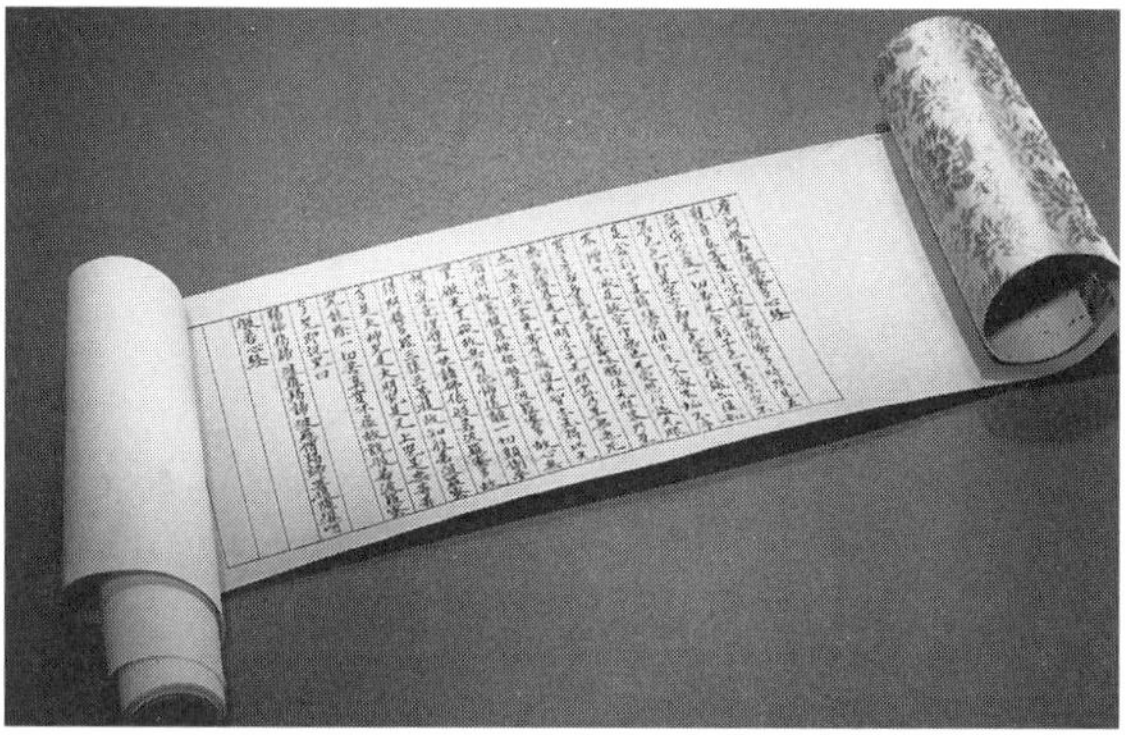
家庭祭祀の五輪塔の中心部には、写経を納める

この銅製五輪塔は、銅生地《きじ》に金箔を漆で貼ったものをつくっています。梵字や蓮華台は、一つ一つ彫金で仕上げます。銅生地の五輪塔は、二十年、三十年と歳月を重ねると緑青《ろくしょう》の心配があるため金箔を貼っています。

会社においては、会社に功績のあった人や、亡くなった社員の霊の万霊供養塔としても、社内で祀ることができます。

たましいを祀る位牌

「遺体や遺骨を土に還す」という話をしますと、「ミイラはどう考えるのか」と質問を受けることがよくあります。

日本人は古代から、遺体を積極的に保存する思想をあまり持たず、死者の霊を異次元の世界（黄泉《よみ》の国）に送り出すことを考え、いろいろな方法をもって実行してきました。その結果、たましいと肉体とを分離して見るようになり、両墓制を生みだしたのです。

遺体を葬った場所が墓ですが、たましいを祀る位牌も一つの墓標と見るようになって、最も大切なものの一つとされました。地震や火事などのときに、何よりも先祖の位牌や仏壇を持って逃げたのは、それが墓であり、先祖のたましいそのものと考えていたからです。親が子どもを仏壇の前に座らせてお説教をしたことも、この現われの一つです。この心は、いまも受け継がれています。

古代エジプトでは、人のたましいは、いつか再びもとの肉体に蘇ってくると信じられていました。そのため、死者の霊魂が還ってくる遺体を完全な姿で保存する必要があり、ミイラが作られました。また蘇ったあとの生活に不便のないように、故人が生前に使っていた生活用具の一切と、多くの財宝に奴隷が一緒に埋葬されました。

壁には、霊魂が還ってくるまで遺体を悪魔から護る守護神と、蘇ったあとの主人公が生前の生活を思い出すように、その生活の場面を描きました。しかし、これらの墓（ピラミッド）は、盗賊たちに荒らされる結果となってしまい、やがて見つけられない場所に墓がつくられました。ツタンカーメンの墓が発見された「王家の谷」などがその代表的な例です。

日本古来の葬礼と、古代エジプトなどの遺体を保存する文化圏との根元的な思想の違いがわかると思います。日本の古墳などに見られる埴輪などの副葬品と、古代エジプトの副葬品とは、大分性格が違っています。そこに、日本人の心の世界のあり方の源泉を知ることができます。

現代の墓の諸事情

核家族の墓のあり方

近年はわが国の家族環境が大きく変化してきて、少子化や離婚などにともない、従来の墓の維持と継承が困難なケースが増えています。いわゆる「跡継ぎのない墓」が増えてきました。

昔のように菩提寺の境内などに一族や縁者の墓があり、さらに常日ごろから寺や住職と交流があった時には、その菩提寺に永代供養を頼んだり、あるいは一族の人たちでその墓を守っていくことが普通でした。

しかし現代は、墓は菩提寺を離れて霊園などにある場合が多く、また菩提寺の墓地自体が霊園的な管理になっていたり、都会生活が長く、郷里の縁者とも薄い関係になっていて、墓だけを郷里に求めるなどは「いまさら……」といって避けることが珍しくありません。

よい墓をつくろうとする場合に大切なことは、お祀りが永く続けられるようにすることです。どんなに立派なよい墓をつくっても、祭祀が途絶えてしまっては意味がありません。

よい墓をつくれば、跡の途絶えることはないとは言いますが、予めそのように分別を持って務める部分も必要です。その結果として、思いがけない展開があって、絶家を免れることがあるのです。

跡継ぎがない墓のケースは、いろいろ考えられますが、一つには子どもが女性ばかり（一人娘も含めて）で、結婚して姓が変わってしまい家を継がないことがあります。この場合には、五輪塔のみ一基の形にするとよいのです。別の項に、五輪塔を一基で墓石にしており、感心しない例を挙げましたが、それは塔そのものに家名などを彫っていたためです。塔を汚さないで納骨と供養が全うできるかたちがあります。

この五輪塔の場合には、両側にある花立石に家名を刻んであって、塔や台石には家名や家紋を表わしておりません。これは将来、娘に養子などを迎えることができず、家の姓を継承できなくなったときには、この花立石だけを新しい家の姓のものに取り替えます。そうすれば、墓としての五輪塔自体をつくり替えたり、家姓を彫り直したりする必要がなく、また納められている遺骨などを移動する必要もありません。

五輪塔一基に、両側の花立石に家名を刻み
塔や台石には家名や家紋を入れない

具体的な例でお話をしますと、仮に山田家という家があって、一人娘であった場合、この娘に婿養子を迎えるか、または別に養子を迎えない限りは絶家ということになって、墓はいつか無縁墓になってしまいます。しかし今日では、婿養子などを迎えることはなかなか難しいのが実情です。

そこで、この山田家の一人娘が仮に鈴木何某と結婚して鈴木姓になり、将来この墓地を鈴木姓になっている一人娘夫婦や、あるいはその子が継承するとします。この場合、「山田家」の花立石を「鈴木」と替えることで、山田家の一人娘が両親の墓を守って祭祀を続けることができ、山田家の墓や遺骨が無縁として整理されることを防ぐことができるのです。さらには、孫、曾孫と祀りが途絶える心配もなくなります。将来、夫婦別姓が一部に定着した場合でも、左右の花立石にそれぞれの姓を彫ることで、合祀をすることも、祭祀を継承することもできるのです。

これが「山田家の墓」などと墓石に彫ってしまうと、山田家以外の遺骨を納めることができなくなってしまうため、その墓石自体を取り替えなくてはならなくなり、永く拝んできた思いを消すにも等しいことになります。

五輪塔であれば、法理に則って勤めることにより、縁のある人たちを合祀することができます。ただ注意しなくてはならないことは、たんなる五輪の供養塔ではなくて、遺骨も納める墓塔としての祀りの意義も込めることです。一つの五輪塔に、いわゆる「両墓」としての性格を持たせるといえます。具体的には、塔内の納入供養具などで、その法理を整えます。

墓地は「買う」のではない

ここで少し視点を変えて、法律の上では「墓」をどのように認識しているかを考えてみます。「墓地、埋葬等に関する法律」第二条第四項には、「墳墓とは、死体を埋葬し、又は焼骨を埋蔵する施設をいう」と定義づけられています。

その意味から遺骨が納められていなかったり、爪や遺髪、遺品などだけが納められている場所は、たとえ祭祀が執り行われていても、法律的には「碑」として区別されています。しかし近年ではこれらの解釈や運用については、自然葬や散骨などの運動があって現実的な運用面で厳格性を欠いてきていることは否めません。

さらに墓地や葬祭と密接に関連している寺院の檀信徒についての解釈は、

「仏教寺院における檀信徒は、その寺院の教義を信仰して自己の主宰する葬祭を一時的でなく之を委託し、寺院の経費を分担するものをいい、信徒とはその寺院の教義を信仰して自己の主宰する葬祭を一時的に委託し、その限度で寺院の経費を分担する者をいうのであり、右両者の区別の基準は、信者と寺院の密接な程度によるものと解される」(昭和五十一年九月十三日、神戸地裁判決)

とされています。

「檀信徒たるものは、たんなる儀式の執行委託者に過ぎないものではなく、実に寺院の重要な構成要素をなすものである」(昭和四十三年七月三日、静岡地裁沼津支部判決)

との認識が定着しています。

しかし、葬祭や墓地そのものの多くが寺院や僧侶の手を離れて、葬儀社や霊園・石材業者の手に委ねられつつある今日では、檀信徒という意識が薄くなるというより、一面では積極的に関係を断つ方向にあるといえます。

その結果、僧侶には葬儀や法事のときにだけ頼むことになって、戒名や法名も、それまでに付き合いもない（これからも付き合う可能性のない）僧侶から受けることになります。このことから戒名や法名の意味するところが忘れ去られて、たんなる命名の一形式と捉えられている面があります。現実には、そう考えられても仕方がない事例がないわけではありませんが……。

そもそも墓地は買うのではなく、「永代使用」ということです。

俗に「墓地代」と言われますから、宅地のように「買ったもの」という意識を持つことがあるようですが、正確には「永代使用料」となるものです。霊園などの場合に、定期的に請求が来るものは「管理料」になるものです。

墓地の永代使用権という発想の原型として「買地券《ばいちけん》」があげられます。これはその土地を支配している神（地主神など）から墓地としての土地を求め、死者（埋葬者）の永遠の安らかな眠りを祈願するもので、土地の神様から墓地を購入したことを証明する証書のようなものです。言うなれば冥界の神から土地を買った証文的なもので、一般には塼《せん》（土を焼いて作った四角い板）や金属板などに刻んで、墓内に納められました。

これらの買地券は古墳などから発掘されることがあります。そのほとんどは風化していて今日では解読することができませんが、九州の太宰府の火葬墓の一つ「宮ノ本一号墓」から出土した鉛版製買地券は、赤外線によって大方が解読され、現在は福岡県太宰府市の「太宰府展示館」に展示されています。

買地券の背景には、死者の魂の永遠な安らかな眠りを希《ねが》う心があります。このことは人間と人間との取引ではなく、その土地の神との間に証文を取り交わすという考えが生まれ、永代にわたる土地の使用権ということにつながり、買地券そのものが死者と共に墓内に納められました。

今日の霊園では永代使用料とは別に管理料が求められ、一定期間支払わないと、墓石などが撤去されて、遺骨は納骨堂などに移されることになります。霊園などには、あらかじめ規則書といわれるものが定められていますから、金銭的な部分を除いてのトラブルはあまりないようですが、一般の寺院墓地の場合には、俗に檀信徒とされる人の認識不足から混乱が起きることがあるようです。

墓石を建てたり、供養塔を建てることは「祀り」の一つの始まりと認識されるべきで、日々の供養や礼拝が何よりも大切です。それは墓は遺体や遺骨を納めてあるだけの場ではなく、魂・生命の祀りの場であって、これは生きている人やこれから生まれて来るであろう人たちのためでもあります。

正しく祀られている墓から新たな活力が生み出され、人々の営みを活気あふれる円《まど》かなものに導きます。それが「祀り」の基本です。

口絵解説

1 五色の布綱と五輪塔

五輪塔はその簡潔な形の中に、宇宙を流れる生命の哲理をあますことなく顕わしているために、供養塔としては最も理にかなっている塔です。「天円地方」といって、天は円形で地は方形（四角形）で表現する法が伝えられ、さらに天地の間に生み出され育まれる生命のすべてを、その各々の変化と結合した形をもって表わされているのが五輪塔です。そのため五輪塔は、天地と陰陽の法理に則って導き出され、つくられなければなりません。

五輪塔の素材は良質の白御影石で形作り、さらに小叩きという技法で表面を仕上げることによって、磨き上げられた石とは趣が異なる品格が備わり、永年の風雪にも色褪せることはありません。

四面には、刷毛書きされた四門の梵字が薬研彫りで表わされて、五輪塔の意義を確固たるものにしています。梵字の持っている字義を正しく表わすためには、刷毛書きと薬研彫りの手法が何よりも大切です。

五輪塔の開眼式には、五色の布綱が垂らされます。本文中に説明がある「五色の布綱」のことで、詳しくは153～154頁の本文を参照していただくとして、開眼の際には黄色を導師たる僧侶や神職が握り、緑色を主人や息子が、赤色を主婦や娘が、白色を老人方が、紫色を参列者が同時に握って開眼の縁を結びます。言霊《ことだま》では「結び」は「むすひ（産霊）」のことで、「つなぐ」ということよりも「生み出す」という意識が強くはたらきます。

2 五輪塔と土饅頭

供養塔は墓域の中央に建てることが、原則でありまた理想です。

供養塔を建てる墓域には、祖霊を祀る〝ヤマ〟のかたちを土饅頭で表わし、芝生を植えて常磐《ときわ》の緑を示しています。その上に五輪塔を祀り、四面には刷毛書きの四門の梵字を薬研彫りで刻み、四隅に四門のそれぞれに供える花立石を配し、正面には階《きざはし》を設けてあります。塔の下には真心のこもったたくさんの写経が、金銅の経筒に納めて埋納され、塔内には供養納入具が調え納められています。

小叩きで仕上げられている五輪塔と、土饅頭の芝の緑との調和が美しいばかりではなく、祀られる祖霊と、育まれる生命が自然の哲理に正しく導かれていることが実感できます。

3　五輪塔と墓石を並べた墓域

墓域の間口が奥行きよりも広い場合には、五輪塔と墓石を並べて建てます。その場合には五輪塔は上位である向かって右側に、墓石は左側に建てます。これはさらに、正面の奥には塔婆立を設け、左に墓碑、階段の左右に灯籠を配した墓域です。

五輪塔の台石は自然の生気が通じるように、中心に穴を抜いてあります。塔婆立は、浮き彫りにした蓮華座に阿弥陀三尊の種子を配し、中央には梵字で「南無阿弥陀仏」と刻んであります。墓碑は周囲を小叩きで仕上げ、頭部にこの家の宗旨の本尊を薬研彫りの種子で表わし、内側は本磨きに仕上げて戒名を刻んであります。

左右に配した灯籠の正面に「ア」（万物の始源）と「ウン」（万物の終極）の種子を表わし、墓域と家の守りとしています。折からの光線に、灯籠の稜角の線が狂いのない直線を描いていることは、この仕事をした石匠の技術が確かなことを示しています。灯籠の火袋は、後方から灯を点じられるようなっています。

五輪塔と灯籠、塔婆立石の小叩きの白さと、両脇の植木の緑が美しい調和を見せて、陽明な品格のある墓域です。

4　足長五輪塔を建てた墓域

墓地に余裕がなくて真ん中に五輪塔が建てられない場合には、その中心線をもとめて前方に墓石を建て、後方に五輪塔を建てるようにします。この場合には墓石を通して五輪塔を拝むかたちになります。そのために五輪塔は、墓石よりも背が高いことが求められるために、足長型のものになります。

五輪塔は足長型であっても、普通の形のものであっても、その基本的な理念にはまったく変わるところはありません。熟達した石匠が足長五輪塔を刻む場合には、とくに塔の地輪と足の部分とを明確にするために、小叩きの叩き目を変えることがあります。

この墓地は決して広い墓地ではありませんが、輝くように白い五輪塔は、墓のあるべき一つの姿を示すとともに、まさに群鶏に一鶴の観があります。

5 五輪塔と墓標、灯籠

墓標の「標」には「しるし」とか「はしら」などの意味があります。墓標というのは、文字通り「墓のしるし」という意味で、この墓域がどこの家のものであるかということや、何を祀りの導き、本尊としているかなどを示すものになります。供養塔が墓石の前に建つ場合には、墓域の鎮め的な意味で建てられます。

灯籠は冥途の闇を照らすだけの意味ではなく、火には霊魂を浄める力があります。墓前に灯明を献じることは、諸霊の悪を取り除いて光明化し、暗黒の世界より明るい成仏道に導くことになります。筆者が指導する灯籠は飾りとしてのものではなく、火袋には後方から火を献じられるようになっていて、墓域の両脇に具えるかたちや、四隅に具えるかたちがあります。

6 家庭祭祀の五輪塔

「家庭祭祀の五輪塔」（164～165頁）の項で述べた金銅五輪塔です。五輪塔は大日如来の三摩耶形《さんまやぎょう》（仏・菩薩を象徴するもの）でもありますので、正式に蓮華台にのせて四門の梵字を薬研彫りで表わし、金箔を漆で貼った漆箔《うるしはく》ですから、その輝きは三百年は保たれます。塔内には、種子を謹書した『般若心経』が納めてあり、その巻末に祖霊の戒名と供養願文を書いて、家庭の仏壇などで祀ります。（大きさ：総高29センチ、台座11センチ四方、重量5キログラム）

7 写　経

経文を書写することの功徳は、特に『法華経』で強調されています。写経の歴史は古く、その材料や書式は時代によってさまざまですが、一行十七文字に統一されたのは、中国の隋時代（五八一～六一九）ごろと考えられます。

わが国の文献に写経が初めて現われるのは、『日本書紀』第二十九天武天皇二年（六七三）三月の条で、この月に初めて一切経を川原寺で写したことが記されています。平安時代になりますと、美しく装飾された装飾経が数多く書写され、平家納経などのすぐれたものが今日に遺されています。

古い写経は経紙を虫食いから防ぐため、黄蘗《きはだ》を入れて漉いた黄色い紙に書写されていた故実を重んじて、五輪塔に納める写経は黄色い紙に書写しています。

巻末に『般若心経』の写経手本を載せましたので参考にしてください。

あとがき

墓は、家運や人生の基盤となるもので、たんなる因縁話とか迷信の類ではなく、そこには動かすことのできない真理が秘められていて、不思議に家の因縁と吉凶の暗示が現われます。

「墓をどのように建てるか」ということよりも、「何のために墓を建てるのか」ということが大切なのです。見栄や物欲のために墓を建てる人はありません。先祖や亡父母、あるいは早死にした子どもの供養のために建てるのです。このため〝供養〟というものについての認識を深くする必要があります。供養の意味を誤りますと、記念碑のような墓を建ててしまいます。

「墓相」と言うと、家運のよくなる墓の建て方を指導するものという単純な解釈しかなされていませんが、実際に墓石や供養塔を建てただけで家運がよくなるものではありません。家族みんなが供養の意義を考え、慎重に勤めてこそ、家運が陽明な方向に進むのです。五輪塔や墓石とか方位だけで、すべてが解決されるものではありません。

墓地の状況を正しく把握して、その最善の供養の道を説くのが、墓相の本当の姿です。この一つの道程として建塔・建墓の道を述べるのであって、それによって供養や墓相が完成するのではありません。

私は正しい墓相を説くとともに、人々が真の供養を修することができるように、「参霊会」という小さな集まりを主宰しています。敬神崇祖の理念に基づいて、神を敬い誠真の供養成仏を願い、子孫の正しい繁栄長久と世界の平和を願う会で、年二回の大祭の執行と、月二回の写経会などを行っています。

供養が本願であるため、宗旨や教派にかかわらず、さまざまな宗旨と信仰の方々が集まっています。私は、教派や宗旨によらず、真理は一つのものと信じています。この参霊会の小さな集まりが、真の供養を通して大きな世界の平和と安穏に広がりつながることを希望しています。

祖霊の成仏が全うできれば、家運が陽明なものとなり繁栄するのは、顕幽を一貫した相対的な表裏の原理であり、根本原則の上に立っているものです。しかし、成仏という言葉は簡単ですが、霊界現象から見ると、なかなか容易なことではありません。

古い家柄ほど祖霊の数が多いですから、長い間には罪障の重い、因縁の深い亡魂もあって、地獄・餓鬼・畜生の三悪道に堕ちて、業火に焼かれ苦しんでいる霊もあります。まず、これらの霊を「追善供養」して悪道から引き上げ、それから極楽浄土に入る手引きの「成仏供養」をするのが本道です。

この一つ一つの怨霊を救い、妄念を晴らすためには、あらかじめ霊魂の因果因縁を知ることも、また大切なことです。

祖先が氏神の神社や菩提寺の建立に尽力したことがあれば、子孫に大きな善因善果の余慶があって、家の歴史を美しく物語りますが、武家などの家柄では、戦場で討ちつ討たれつした殺傷の罪障が深いため、悪因悪果となって成仏の妨げになり、子孫の災難や不運、病気などの現象となって現われます。昔から言われている「積善の家の余慶」と「不積善の家の余殃《よおう》」は、現実に存在しています。

浮かばれない怨霊たちは、どんなに頑迷でも成仏だけが唯一の悲願です。現世では金さえあれば欲しいものは、ほとんど何でも買うことができますが、霊界は金銭や物質が通用しない世界ですから、祖霊に対する報本反始《ほうほんはんし》の赤誠が主体であって、金銭とか物質はあくまでも添えものの従体であることを忘れてはなりません。

私のもとに相談に来られる人の中には、「現実的な欲求（金銭欲その他）を成仏・解脱した祖霊が満たしてくれるから、祖霊供養の心が起きるのであって、ただ祖霊の成仏・解脱を願うだけでは、誠真の供養をする気持ちは薄れてしまう」と言う人がありました。これは一理あるかもしれませんが、あまりにも寂しく貧しい心ではないでしょうか。もっと心豊かに供養を勧めていただきたいものです。

最後に本書の刊行にあたり、池谷啓氏のご尽力に深甚の謝意を表します。

写経手本『般若心経』

摩訶般若波羅蜜多心經
觀自在菩薩行深般若波羅蜜多時照見五
蘊皆空度一切苦厄舍利子色不異空空不
異色色即是空空即是色受想行識亦復如
是舍利子是諸法空相不生不滅不垢不浄
不增不減是故空中无色无受想行識无眼

耳鼻舌身意无色聲香味觸法无眼界乃至
无意識界无无明亦无无明盡乃至无老死
亦无老死盡无苦集滅道无智亦无得以无
所得故菩提薩埵依般若波羅蜜多故心无
罣礙无罣礙故无有恐怖遠離一切顛倒夢
想究竟涅槃三世諸佛依般若波羅蜜多故
得阿耨多羅三藐三菩提故知般若波羅蜜

多是大神咒是大明咒是无上咒是无等等
咒能除一切苦真實不虛故説般若波羅蜜
多咒即説咒曰
揭諦揭諦　波羅揭諦　波羅僧揭諦　菩提娑婆訶

般若心經

矢島俯仰（やじま・ふぎょう）　本名 守雄
東京都出身。中央大学卒業後、國學院大学神道学専攻科に進み、神道を学び明階を授与される。
墳墓研究の家に生まれ、自らの宗教経験を踏まえて、諸国を歩き典籍をあさり、墳墓に関する宗教学・考古学・歴史学・民俗学などの資料を集めて研究してきた。
たんなる統計的な墓相にとどまらず、宗教の理法と民俗学、考古学などの学術面の考察を踏まえ、伝統宗教と信仰に根ざした「たましいの祀り」としての墓のあり方を説いている。また最善吉相の墓の設計と彫刻施工などの指導につとめている。
著書
『墓相大鑑』『運勢大事典』（ともに国書刊行会）
『墓相と供養』（永岡書店）『墓相』『改訂墓相』（ともに学芸図書）
宗教法人　神道大教参霊会　代表役員
住所　〒247−0061　神奈川県鎌倉市台４−13−４
電話　0467(46)6091
電子メール　info@hugyou.or.jp
ホームページ　http://www.hugyou.or.jp/

故人《こじん》がよろこぶ 墓《はか》と供養《くよう》

2001年10月10日　発行

著　者　矢島俯仰
発行者　佐藤今朝夫

〒174-0056　東京都板橋区志村1-13-15
発行所　株式会社 国書刊行会
電話 03(5970)7421 FAX 03(5970)7427
E-mail info@kokusho.co.jp
http://www.kokusho.co.jp

落丁本・乱丁本はお取り替えいたします。
印刷（株）明和印刷　製本（株）青木製本

好評既刊

霊魂不滅論

井上円了著 この世界を〝活物霊体〟として捉え、その立場から、巷間の俗説や学者（唯物論者）の霊魂滅亡論を打破する、偉大な哲学者＝仏教者井上博士の信念の書。〝霊魂不滅〟は多くの人々に勇気を与えてくれる。 四六判・上製カバー・１５０頁／１８００円

図説 葬儀

松本慈恵著 実際の葬儀を対象に、仏教を中心として歴史や民間信仰まで視野に入れ、大きく変貌する葬儀を見直し、本来の形式を明かすと共に、今後のあるべき姿を探究。意義ある葬儀を執り行うための実践マニュアル。Ｂ５判・上製カバー・２７８頁／８０００円

葬式の探求

牛込覚心著 現代の葬式の諸相を考察し、人の死にまつわるものの中で永遠に変えてはならぬもの――死者の霊魂を鎮め浄化し、癒し供養すること――を中心に示唆に富む論を展開。現代のあるべき葬式の姿を示す好著。 四六判・上製カバー・２５４頁／２５００円

竹田聴洲著作集7 葬史と宗史

平祐史解説 「葬史と宗史―宗門史学の新視覚試論―」「葬式の社会史」「日本宗教史を貫く素質について」「仏教史学の盲点と民俗学の導入」「祖先崇拝シンポジウム」など、宗教学とその周辺に関する論考を収録。 Ａ５判・上製函入・３６８頁／１２０００円

定本地理風水大全

御堂龍児著 地理風水とは、大気の生気からパワーを得、気を強める法。これにより、またたく間に運の流れが変えられる。この秘法を、基礎から応用まで一六〇枚以上の豊富な図版と写真で詳細に解説した実践指南書。 Ａ５判・上製函入・４０２頁／４８００円

増補版 運勢大事典

矢島俯仰編 四柱推命・易占・地相・家相・印相・姓名・人相・手相・気学・墓相・占星学の11分野の占法について、その基本から実践の仕方までを、各分野の第一人者がわかりやすく解説。「墓相」は編者が執筆。 Ａ５判・上製カバー・１０３４頁／９５１５円

〈価格は税別〉